OUVREZ VITE !

**Faites la bonne offre,
au bon client,
au bon moment.**

D1417284

Les Éditions
TRANSCONTINENTAL inc.
1100, boul. René-Lévesque Ouest
24e étage
Montréal (Québec)
H3B 4X9
Tél. : (514) 392-9000
        1 800 361-5479

Données de catalogage avant publication (Canada)
Samson, Alain 1960-
Ouvrez vite ! Faites la bonne offre, au bon client, au bon moment.
ISBN 2-89472-006-8

1. Marketing direct. 2. Publicité. 3. Télémarketing. 4. Campagnes publicitaires. I. Vigny, Georges. II. Titre. III. Titre : Comment faire la bonne offre, au bon client, au bon moment. IV. Collection : Collection *Les Affaires* (Les Éditions Transcontinental).

HF5415.126.S25 1995   658.8'4   C95-941683-8

Révision :
  Pierre Phaneuf, Jean Paré

Correction d'épreuves :
  Jacinthe Lesage

Conception graphique de la couverture :
  Lucie Chabot

Photocomposition et mise en pages :
  Ateliers de typographie Collette inc.

Dépôt légal – 1er trimestre 1996
  Bibliothèque nationale du Québec
  Bibliothèque nationale du Canada

ISBN 2-89472-006-8

Alain Samson
en collaboration avec **Georges Vigny**

....

OUVREZ VITE !

Faites la bonne offre,
au bon client,
au bon moment.

Les Éditions
TRANSCONTINENTAL inc.

Table des matières

Liste des figures

Liste des tableaux

Introduction

LE DOCTEUR BAXTER

Le soleil brillait haut dans le ciel. Tiré par deux canassons qui ne mangeaient certainement pas tous les jours à leur faim, un chariot avançait péniblement dans la rue d'une petite ville de l'Ouest américain. Sur les deux côtés de la bâche couvrant le chariot, on pouvait y lire une inscription en lettres dorées : « La potion secrète du docteur Baxter ». Des dizaines et des dizaines de flacons arborant le même message s'entassaient à l'arrière.

Le chariot s'immobilisa devant le temple d'où sortiraient les fidèles quelques minutes plus tard. Le docteur se redressa et secoua la poussière déposée sur son vieil habit élimé. Du coin de l'œil, il s'assura que son complice, adossé à un poteau près de l'hôtel, avait bien calé ses béquilles sous ses aisselles, prêt à entrer en scène.

Les portes s'ouvrirent enfin et les paroissiens s'avancèrent vers la rue. Baxter s'élança, un flacon à la main, vantant son produit à la foule des curieux, comme il le faisait jour après jour, depuis des années, de bourgade en bourgade. Au terme de sa tirade, il invita quiconque voudrait monter sur le chariot à ses côtés pour vérifier les effets miraculeux de sa potion. Son complice, qui n'attendait que ce signal, se traîna lentement sur ses béquilles en direction du chariot. Il déclara alors que, si le doc arrivait à le guérir, il pourrait sûrement soulager les maux de n'importe qui.

Des paroissiens s'écartèrent pour le laisser passer et deux solides gaillards l'empoignèrent pour le hisser sur le chariot. Le doc tendit un de ses flacons au handicapé, lui recommandant d'en avaler une bonne gorgée. Moins d'une minute plus tard, les béquilles tombèrent, et le complice, criant au miracle, remercia chaleureusement le doc, en qui il voyait un bienfaiteur de l'humanité souffrante. C'était l'extase dans la foule. On s'arracha les flacons. Chacun pensa à ses propres problèmes – goutte, rhumatisme, tuberculose ou chaude-pisse ! – et rêva aux joies de la belle vie retrouvée grâce à la merveilleuse potion du docteur Baxter.

La scène se termina comme toutes les précédentes : assis sur la banquette avant du chariot, Baxter reprit les rênes et repartit au soleil couchant, laissant derrière lui la foule anxieuse des crédules et les *tumbleweeds* balayées par le vent...

OUVREZ VITE !

Pardon ? Qu'est-ce que vous dites ? Que le docteur Baxter devrait plutôt annoncer le prix modique de sa potion pour pousser les gens à se la procurer ? Que le complice devrait donner l'exemple et en acheter quelques bouteilles ? Êtes-vous en train de suggérer que nous devrions modifier cette scène classique ?

Mais d'abord, parlons un peu de vous. Combien de vos annonces publicitaires vantent vos produits, votre bon service et votre garantie sans pour autant indiquer aux clients comment ils peuvent se les procurer ? Pouvez-vous dire quel pourcentage de vos 10 dernières promotions avait pour but de susciter une action ou de déclencher un achat immédiat ? Compteriez-vous plutôt sur la sympathie des gens, espérant qu'ils vous encouragent par un geste ?

En d'autres termes, demandez-vous au client potentiel d'acheter et lui indiquez-vous comment procéder ? Ou bien vous contentez-vous de faire comme ce bon docteur Baxter?

Cet ouvrage traite d'action. Notre propos est de vous aider à mettre au point une offre efficace qui provoque l'achat. Les deux premiers mots du titre – *Ouvrez vite !* – sont révélateurs à cet égard : ils vous ont dit comment faire pour devenir un lecteur actif ! Nous nous promettons bien, au cours des pages qui suivent, de vous montrer par l'action comment le marketing direct peut améliorer votre rentabilité et contribuer à votre croissance.

Dans les sociétés de moins en moins homogènes où nous vivons, il est de plus en plus difficile d'atteindre tous les segments d'un marché potentiel sans engager des coûts publicitaires disproportionnés – imaginez que des marchands de canons utilisent la télévision pour joindre les acheteurs de quincaillerie militaire ! À votre échelle plus modeste de moyenne ou de petite entreprise, ce serait une grave erreur d'utiliser un média de masse pour interpeller une poignée d'acheteurs. C'est plutôt le marketing direct qui devrait devenir votre outil privilégié. Restez avec nous tout au long des 14 chapitres qui suivent et vous ne verrez jamais plus une campagne publicitaire de la même façon.

La figure 1 établit le plan général de notre itinéraire. Dans la première partie, nous définirons ce qu'est le marketing direct et identifierons ceux qui peuvent pleinement bénéficier de cet outil de mise en marché.

Dans la deuxième partie, nous aborderons les outils de base que sont le choix d'une stratégie, celui du média à utiliser et la découverte d'un besoin insatisfait. Nous traiterons également de la gestion des fichiers clients.

Dans la troisième partie, nous étudierons l'imprimé et ses applications en marketing direct. Nous traiterons de publipostage, de création et de diverses utilisations de

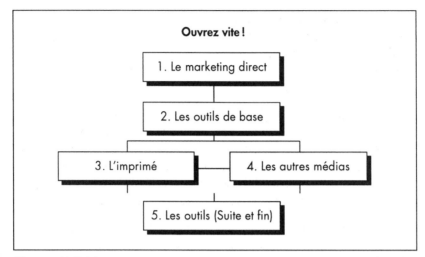

Figure 1.1 Notre itinéraire

l'imprimé. Ces applications pourront, le cas échéant, être jumelées à celles de la quatrième partie (télémarketing, infomarketing, infomerciaux ou autres) afin de produire un résultat optimal.

Finalement, en cinquième partie, nous analyserons les outils d'évaluation, les dimensions éthiques et réglementaires de votre campagne de marketing direct et son compte à rebours. Dès lors, ce sera à vous de partir à la conquête de ces marchés qui n'attendent que la bonne offre, formulée de la bonne façon, présentée au bon moment, aux bons clients.

FAITE LA BONNE OFFRE, AU BON CLIENT, AU BON MOMENT

Si l'incitation à l'action des deux premiers mots de notre titre allait de soi, le reste du message se prête à diverses interprétations. En effet, avec la mondialisation des marchés, les barrières tombent, et les tactiques « à la pièce » d'hier ne suffisent plus à relever les défis macro-économiques d'aujourd'hui. Vous contenter de votre clientèle actuelle équivaudrait à vous résigner à une mort lente. De nouveaux concurrents arrivent chaque jour, et ils profitent des accords économiques internationaux pour s'immiscer dans ce que vous considériez il y a quelques années à peine comme un petit marché local plus ou moins captif.

Le seul choix positif qui s'offre à vous est de faire face. Votre nouvelle concurrence utilise déjà le marketing direct ; à vous de le maîtriser à votre tour et de vous battre à armes égales ! C'est alors seulement que vous serez en mesure de mieux fidéliser votre clientèle actuelle, tout en attirant les clients de vos nouveaux concurrents.

C'est là, justement, le sens de la seconde partie de notre titre : elle vous donne des raisons de ne pas baisser les bras. Sachez comment affronter les situations et vous en sortirez gagnant !

PREMIÈRE PARTIE

LE MARKETING DIRECT

Dans tous les domaines, il existe des méthodes rapides et efficaces pour rater son coup. En marketing direct, la meilleure façon de connaître l'échec consiste à pondre à toute vitesse une promotion, à la faire imprimer et à l'envoyer à une centaine d'adresses, histoire de voir si ça rapportera. C'est un peu comme apprendre à nager en gardant un pied sur le quai !

Le succès, en marketing direct, suppose un engagement total de toutes les ressources humaines d'une entreprise et une démarche systématique dont nous traiterons dans les deuxième et troisième parties. Pour l'instant, définissons cet outil, les avantages qu'il offre par rapport à la publicité traditionnelle et la manière d'en bénéficier.

Les membres du service de marketing d'une chaîne de pharmacies québécoises nous aideront à cerner les vrais défis qui nous attendent en nous faisant participer à la mise sur pied de leur campagne annuelle.

Puis Nathalie, responsable des ressources humaines d'une société informatique, nous permettra de voir qui peut bénéficier de cet outil de mise en marché. Vous vous rendrez rapidement compte de la nécessité de mieux cibler les efforts publicitaires.

Nous vous proposerons, à la fin de cette première partie, quelques exercices destinés à vous faire assimiler les éléments de base, que vous pourrez d'ores et déjà mettre en pratique au cours de vos activités.

CHAPITRE 1

Qu'est-ce que c'est ?

FARMACO INC.

Sylvain jeta un coup d'œil à sa montre : 15 h 30 déjà !
Voilà trois heures que la rencontre durait, et il avait la
nette impression qu'elle ne menait nulle part. On sentait
l'impatience poindre dans la voix des participants et,
jusqu'à présent, aucune solution n'avait été acceptée. Il
soupira bruyamment et décida de tenter un dernier
rapprochement. Après quoi, il lèverait la séance.

« Bon, résumons-nous. Il nous reste deux mois pour
préparer notre campagne annuelle de vente anniversaire.
Tout irait bien si la direction ne nous avait pas demandé
de réduire de 25 % notre budget publicitaire. Nous en
sommes là depuis plus de trois heures. Quelqu'un a-t-il
une suggestion à faire ?

– Comment pouvons-nous orchestrer une campagne d'envergure pour une chaîne de pharmacies en croissance si on ne nous donne pas accès aux ressources

financières adéquates? On nous demande des miracles, quoi!

– Là n'est pas la question. J'ai demandé des suggestions, pas des commentaires. Qu'en penses-tu, Caroline?

– Notre campagne de l'an dernier a connu du succès. Pourquoi ne pas utiliser les mêmes médias, mais en diminuant du quart les montants alloués à chacun?»

La campagne de l'année précédente fut effectivement couronnée de succès. On utilisa les journaux, la radio et la télévision, tant francophones qu'anglophones. Mais le marché, soumis à une concurrence de plus en plus féroce, forçait cette année la direction à réduire un peu partout. De ce fait, la diminution du budget publicitaire s'avéra inévitable.

Jasmine n'était pas d'accord avec la proposition de Caroline :

«Si tu diminues le budget alloué à chaque média, tu vas perdre la masse critique pour que chacun soit efficace. Il faut plutôt se résoudre à abandonner un des médias.

– Mais tu n'y penses pas! Et si nous allions, par inadvertance, faire une croix sur le média qui nous rapporte le plus de clients? De quoi aurions-nous l'air face à la direction? Il ne faut pas prendre de risques. Tenons-nous-en aux mêmes médias que l'an dernier. »

Ce fut justement là le cœur du débat : où réduire quand on ne sait pas quel média nous rapporte le plus? Sylvain décida de poser la question que tous évitaient depuis le début :

«Si j'ai bien compris, nous annonçons partout parce que nous ne savons pas laquelle de nos décisions de l'an dernier nous a valu autant de succès. C'est bien cela?»

Personne ne répondit, mais tous hochèrent la tête.

«Bon. Cela nous situe au niveau des apprentis sorciers. Si nous avions accès à la bombe atomique pour tuer quelques mouches noires au printemps, nous le ferions... Soyons sérieux, s'il vous plaît! Je veux savoir quels moyens nous allons prendre cette année, avec un budget réduit du quart, pour découvrir le secret de notre succès! Est-ce assez clair pour tous?»

Caroline leva la main :

«J'ai une proposition...

– Moi aussi...»

L'abcès enfin crevé, le débat prit une allure plus constructive. La faiblesse du Service de marketing de Farmaco inc. était due au fait que l'équipe ignorait dans quelle mesure l'argent investi en publicité rapportait réellement. Son défi consistera dorénavant à mesurer les résultats par média et non pas sur la campagne dans son ensemble. Cette analyse détaillée facilitera d'ailleurs la tâche de Sylvain et de son équipe l'an prochain au moment du lancement d'une campagne de vente anniversaire. Même avec un budget restreint, le succès de celle-ci est déjà plus probable puisqu'ils auront réussi à identifier – et ils auront laissé tomber! – les médias les moins rentables.

LA GESTION DE L'INTANGIBLE

Que vous dit cette mise en situation? Vous arrive-t-il d'annoncer un peu partout parce que vous ne savez pas où éviter de le faire? Un problème fréquent avec la publicité traditionnelle est qu'on peut difficilement en mesurer le rendement précis. C'est pourquoi on continue d'investir année après année dans des médias qui ne rapportent probablement rien, de peur de scier la branche sur laquelle on est assis. Comment s'en sortir?

Pour répondre à cette question, élargissons notre cadre d'analyse au marketing dans son ensemble. Faire du marketing, c'est, essentiellement, couvrir tous les points de contact qu'un client peut avoir avec votre entreprise.

Pour y parvenir, vous devez d'abord vous assurer que le client connaît votre existence et qu'il veut bien faire affaire avec vous. Il faut ensuite qu'il soit satisfait de son expérience d'achat chez vous, que l'article, produit ou service, que vous lui avez vendu comble ses attentes. C'est à cette condition qu'il sera disposé à revenir chez vous la prochaine fois qu'il aura un besoin semblable à satisfaire ou un problème identique à résoudre.

Un des principaux aspects du marketing est la publicité, à savoir une communication destinée à vendre. Il s'agit de l'ensemble des moyens pour lesquels vous payez et que vous utilisez pour faire connaître votre entreprise et les produits ou services qu'elle offre. La publicité se présente sous diverses formes, dont le marketing direct.

Le marketing direct est cette forme particulière de publicité où vous ciblez un client potentiel en déterminant ses besoins, où vous préparez une offre de vente spécifique que vous lui communiquez, en lui expliquant comment s'y prendre pour agir sans délai.

De fait, le marketing direct est une forme de publicité qui exige une réponse immédiate, que celle-ci soit un achat, une visite sur les lieux, une demande de renseignement ou un appel téléphonique. En ce sens-là, ses effets sont directement mesurables. Si vous faites parvenir à 2 000 personnes une lettre les invitant à venir chercher un cadeau surprise et que seulement deux d'entre elles se présentent le lendemain, votre taux de réponse est de 0,001 %. Vous savez donc que, pour rentabiliser votre investissement publicitaire, il vous faudra changer de stratégie sans aucune hésitation.

En marketing direct, vous ne vendez pas le produit, mais vous provoquez l'action que votre client cible est censé entreprendre.

LES NOMBREUX VISAGES DU MARKETING DIRECT

Le marketing direct changera d'apparence selon les clientèles et les objectifs cibles. Au nombre des visages qu'il empruntera, on trouve principalement les suivants.

- **Le publipostage.** C'est la forme la plus courante de marketing direct. Combien d'offres d'abonnement à telle ou telle revue recevez-vous chaque semaine ? Combien de fois par mois êtes-vous sollicité pour verser une contribution à un parti politique ou faire un don à un organisme de bienfaisance ? Loin d'être du *junk mail*, un publipostage bien préparé représente l'un des moyens de mise en marché les plus efficaces. Nous traiterons de sa conception, de son contenu et de sa production aux chapitres 5, 6 et 7.

- **Les publicités axées sur l'action.** Ce sont les publicités que vous trouvez dans votre journal ou votre magazine et qui vous incitent à composer un numéro 800 (sans frais d'appel), aussi bien pour vous renseigner que pour commander un produit ou pour recevoir une prime gratuite. Ce sont des activités qui visent à vendre ou à produire une liste d'acheteurs potentiels. Nous en parlerons au chapitre 10.

- **Les encarts.** Voici un média imprimé qui se situe entre la publicité de masse et le marketing direct. Il vise à déclencher le processus d'action chez le lecteur en lui présentant une offre incorporant une carte-réponse d'affaires. Vous trouvez généralement ces encarts dans les journaux, les revues ou encore insérés dans l'enveloppe de votre état de compte de carte de crédit. Nous en traiterons au chapitre 8.

- **Les coupons.** Ce sont ces agaçantes cartes-réponses d'affaires qui s'envolent dès que vous ouvrez votre revue préférée. Vous ne vous penchez peut-être pas pour les ramasser, mais ne

27

croyez pas que les gens les jettent. Autrement, pourquoi les annonceurs continueraient-ils à les utiliser ? On trouve aussi ces coupons en carnets, distribués par la poste. Nous en parlerons au chapitre 8.

• **Le télémarketing.** C'est la gestion du contact client par voie téléphonique, aussi bien en contexte de marketing d'appel que de réception d'appel. Régulièrement dénoncé à cause d'entrepreneurs peu soucieux d'éthique, le télémarketing demeure un puissant outil de vente ou de soutien à une campagne plus vaste. Nous lui dédions le chapitre 9.

• **L'infomarketing.** C'est un média qui fait, depuis quelques années, sa place dans l'univers du marketing direct. Il se présente sous forme de disquette ou de CD-ROM que l'on adresse aux clients potentiels pour faire une présentation couleur d'un produit ou d'un service. C'est très rare que quelqu'un jette une disquette ou un CD avant de voir son contenu ! Vous vous assurez donc un délai de grâce de quatre ou cinq minutes pour conclure votre vente. Le chapitre 10 traitera d'infomarketing.

• **Les infomerciaux.** Ce sont des séquences commerciales télévisées de 30 minutes déguisées en émission d'information, dont le vrai but est de susciter un achat immédiat. Ce sont également des messages commerciaux de 60 secondes qui vous demandent de composer tout de suite un numéro 800 et de donner votre numéro de carte de crédit pour recevoir le produit annoncé. L'utilisation de la télévision en marketing direct sera abordée au chapitre 11.

• **L'autoroute électronique.** Elle nous apportera sous peu d'autres supports. Les clients auront accès à votre catalogue électronique et à votre inventaire pour commander de chez eux, alors

que le bon de commande s'imprimera automatiquement chez vous. D'autres applications pointent également à l'horizon. Les consommateurs intéressés par l'achat d'un article précis pourront, par exemple, s'inscrire à un babillard électronique pour être aussitôt contactés par des fournisseurs potentiels. Et ça ne fait que commencer ! Soyez à l'affût si vous voulez continuer à croître.

LES 6 AVANTAGES DU MARKETING DIRECT

Mais pourquoi auriez-vous recours à cet outil si vous êtes déjà satisfait des résultats que vous obtenez par la publicité traditionnelle ? Après tout, il est tellement facile d'appeler le représentant d'un quotidien et de lui demander de vous concocter une publicité pour la semaine prochaine... Pour vous persuader des avantages du marketing direct, prenez connaissance des six éléments qui suivent et demandez-vous si la publicité traditionnelle pourrait en offrir autant.

1. Le marketing direct offre des résultats vérifiables.

Notre mise en situation au début de ce chapitre était éloquente à cet égard : les employés de Farmaco éprouvaient des difficultés à déterminer la rentabilité relative de chacun des médias utilisés. En marketing direct, vous savez rapidement quelle publicité est efficace et laquelle devrait être abandonnée. Vous testez ces publicités à une petite échelle avant de lancer votre offre à l'ensemble du marché et vous avez les moyens de déterminer, à n'importe quel moment, quelle publicité, quel média et quel fichier de noms ont déclenché la première, la cinquantième ou la cent millième vente.

2. Le marketing direct est efficace.

En utilisant les fichiers-clients les plus susceptibles d'acheter votre produit ou de recourir à votre service, vous vous assurez d'un meilleur taux de réponse. Plus la sélection des noms sera poussée, plus vos efforts de vente seront efficaces. Vous présenterez votre offre de préférence à quelqu'un qui pense acquérir un produit semblable à celui que vous offrez et qui prendra connaissance de votre proposition avec intérêt.

3. Le marketing direct permet de limiter les dégâts.

À quoi vous servirait-il d'investir des milliers de dollars dans une campagne publicitaire sans savoir quels effets elle aura sur votre chiffre d'affaires ? Ne vaudrait-il pas mieux faire de petits tests préalables, histoire de s'assurer que les dégâts seront limités ?

Imaginons que, pour ma prochaine campagne, j'hésite entre une offre à l'essai gratuit de 30 jours, une vente à crédit de 12 mois sans intérêt, ou une réduction de prix de 15 %. Pour tester ces trois offres, je préparerai trois publipostages et je les expédierai à trois groupes de clients cibles représentatifs, sélectionnés dans mon fichier de clients réguliers. Le tableau hypothétique suivant me met devant un choix clair.

À la lecture de mon test, je sais qu'il ne me servirait à rien d'annoncer un essai gratuit de 30 jours : mes clients n'y sont pas intéressés. En revanche, mon offre de 12 mois sans intérêt m'assure d'une campagne très rentable. Grâce au marketing direct, j'ai non

	Offre n° 1 : essai gratuit de 30 jours	Offre n° 2 : 12 mois sans intérêt	Offre n° 3 : 15 % de réduction
Nombre de clients qui ont reçu l'offre	150	150	150
Nombre de ventes	2	50	20
Efficacité	1,3 %	33 %	13,3 %

Tableau 1.1 Les résultats de trois offres distinctes

seulement limité les dégâts, mais j'ai aussi optimisé mon investissement en publicité traditionnelle pour annoncer une offre à l'impact confirmé !

4. Le marketing direct vous hisse au même niveau que les plus gros joueurs.

À condition qu'ils soient préparés professionnellement, rien ne distingue vos publipostages, vos infomerciaux ou votre infomarketing de ceux des géants de votre secteur d'activités. Celui qui reçoit votre offre ne sait pas si vous vendez pour 500 000 $ par an ou pour 10 000 000 $. Il vous juge par rapport à l'offre que vous lui faites et, pour peu qu'elle réponde mieux à ses besoins, il vous préférera à une entreprise mondialisée.

5. Le marketing direct se rit des barrières géographiques.

Votre librairie de livres de cuisine est située sur la rue principale d'une petite municipalité du Nouveau-Brunswick ? Qu'à cela ne tienne ! Si vous apprenez à cibler les clients potentiels et à mettre au point une offre efficace, vous parviendrez à transcender les barrières géographiques et à vous imposer dans l'ensemble de l'Amérique du Nord, si tel est votre souhait.

6. Le marketing direct facilite la fidélisation.

En utilisant judicieusement les données que vous recueillez sur chaque client, vous fidéliserez chacun d'entre eux et améliorez leur degré de satisfaction par rapport à votre entreprise et à ses produits.

Imaginons que vous vendiez des roulements à billes pour des tiroirs d'ameublement. Vous savez que, normalement, tel client en a pour huit semaines avec son approvisionnement habituel. Incorporez une date de rappel dans votre base de données et utilisez le télémarketing, deux semaines avant qu'il soit en rupture de stock, pour avertir votre client qu'il est temps de commander. Non seulement sera-t-il heureux de votre appel, mais vous éviterez le risque, toujours possible, de voir le vendeur d'un concurrent se pointer le jour où l'inventaire de votre client est à zéro pour placer une commande à vos dépens.

LES 4 DANGERS DU MARKETING DIRECT

Avouons, cependant, qu'il n'y a pas que des avantages. Pour tirer le maximum de profit du marketing direct, vous devez contourner certains obstacles. En voici quelques exemples.

1. Le ressentiment de vos vendeurs

Les vendeurs d'une entreprise établie ne voient pas toujours d'un bon œil que la direction se lance en marketing direct. Pour eux, chaque vente réalisée par la poste vient diminuer leurs propres ventes et, par conséquent, leurs revenus potentiels. Si tel est le cas, vous avez intérêt à agir rapidement pour éviter une dangereuse baisse du moral au sein de votre équipe de vente.

Si votre structure de prix le permet et que le soutien d'un représentant régional est nécessaire, vous pouvez verser une petite commission à vos vendeurs, en fonction du territoire d'où provient chaque vente. Mais commencez par mettre les choses en perspective. Faites-leur comprendre que, par le biais du marketing direct, vous serez en mesure de distinguer les clients ayant le plus de potentiel d'achat de ceux qui sont peu intéressés. Vous pourrez donc fournir à vos vendeurs le nom des clients les plus susceptibles d'acheter, les aidant ainsi à mieux rentabiliser leur temps « sur la route ». Une bonne gestion du marketing direct contribue donc à augmenter et non à réduire leurs revenus.

2. Le ressentiment de vos distributeurs et de vos détaillants

La même attitude est souvent décelable chez vos distributeurs et vos détaillants dès que vous annoncez directement aux consommateurs les produits qu'eux-mêmes distribuent ou vendent au détail. Dans ce cas, efforcez-vous de faire tomber les mythes qui entourent cette pratique.

Un bon exemple à exploiter est celui des fabricants de disques qui annoncent à la télévision le dernier CD d'une de leurs vedettes. Pensez-vous que ça diminue les ventes du détaillant ? Au contraire ! Malgré toutes les ventes qui se feront directement par le biais d'un numéro 800, le message commercial crée une demande pour le disque et active les ventes des détaillants. Ceux-ci profitent directement de l'exposition du produit aux yeux des clients potentiels.

Vous seriez toutefois mal venu de réduire vos prix et de forcer vos détaillants à faire de même, les obligeant ainsi à couper dans leur marge bénéficiaire. Si vous prenez l'initiative d'une guerre de prix, attendez-vous à perdre rapidement votre réseau de distribution. Ce n'est pas en transformant vos partenaires en adversaires que vous gagnerez une plus large part du marché...

3. L'absence de contact personnel

Tous les clients ne se contentent pas de contacts par la poste ou par téléphone. Dans certains domaines où le service après-vente est important, il est essentiel d'encadrer son client. Dans un tel contexte, le marketing direct, s'il est utilisé, ne sert qu'à entretenir la relation entre vendeur et acheteur.

Le plus bel exemple est celui des médicaments vendus par la poste. Malgré l'avantage du prix, les consommateurs hésitent à recourir à ce service parce qu'ils tiennent au contact personnel avec leur pharmacien. Ils ne veulent pas renoncer à ce témoin vivant de leurs malaises et de leurs problèmes, l'ultime spécialiste fiable dans les moments difficiles.

4. Les dommages potentiels causés à votre image corporative

Le plus grand danger qui vous guette avec le marketing direct est que votre image corporative en souffre. Que diriez-vous de recevoir un dépliant bourré de fautes d'orthographe, une lettre que le lecteur le mieux attentionné n'arrive pas à comprendre, une disquette qui bloque votre ordinateur personnel? Quelle image vous feriez-vous de l'entreprise qui vous a expédié ces choses innommables?

Ne laissez pas vos propres clients, actuels ou potentiels, vous classer comme négligent, incompétent, ignorant ou insolent. Ne vous engagez sur la voie du marketing direct que si vous avez clairement décidé que vos envois devront refléter une image positive de votre entreprise et que vous respecterez les règles de la communication efficace.

LE CHAPITRE 1 EN UN COUP D'ŒIL

Notre définition du marketing direct

C'est l'ensemble des moyens utilisés pour offrir directement à des clients potentiels une offre préparée sur mesure pour eux, qui vient combler un besoin, en indiquant correctement comment ils peuvent s'en prévaloir et pourquoi ils devraient le faire.

Les nombreux visages du marketing direct :

- le publipostage ;
- les publicités axées sur l'action ;
- les encarts ;
- les coupons ;
- le télémarketing ;
- l'infomarketing ;
- les infomerciaux ;
- l'autoroute électronique.

Les 6 avantages du marketing direct :

- Le marketing direct offre des résultats vérifiables.
- Le marketing direct est efficace.
- Le marketing direct permet de limiter les dégâts.
- Le marketing direct vous hisse au même niveau que les plus gros joueurs.
- Le marketing direct se rit des barrières géographiques.
- Le marketing direct facilite la fidélisation.

Les 4 dangers du marketing direct :

- le ressentiment de vos vendeurs ;
- le ressentiment de vos distributeurs et de vos détaillants ;
- l'absence de contact personnel ;
- les dommages potentiels causés à votre image corporative.

2

C'est pour qui ?

CONQUÉRIR L'EVEREST

Vice-présidente aux ressources humaines, Nathalie rentra au bureau après avoir participé à un congrès de deux jours sur les nouvelles techniques pour mobiliser la main-d'œuvre. Elle ne regrettait certes pas ces deux journées, mais elle éprouvait un peu d'appréhension à l'idée de tous les dossiers courants qui avaient dû s'empiler sur son bureau en son absence.

Ses collègues l'accueillirent avec tant de chaleur que c'en était suspect ! Elle n'arriva pas à saisir ce qu'ils voulaient dire par : « Bonjour, l'alpiniste ! Prête à conquérir l'Everest ? » ou encore : « En route vers de nouveaux sommets ? »

Ce n'est qu'une fois rendue à son bureau qu'elle comprit l'allusion aux « sommets à conquérir ». Elle ne fut absente que deux jours, mais une semaine plus tôt, son service fit paraître une offre d'emploi pour un poste d'adjoint au marketing. Depuis lors, les CV s'amonce-laient sur son bureau et formaient une pile qui pouvait très bien évoquer une montagne. Combien y en avait-il ? 200 ? 300 ? Normalement, elle les aurait « épluchés » à mesure qu'ils arrivaient, mais voilà, elle n'avait pas été là pour le faire...

Jetant un coup d'œil à son agenda, elle remarqua qu'elle n'avait aucun rendez-vous avant l'après-midi. Elle s'imposa donc le défi de régler en trois heures le dossier « Adjoint au marketing ». Après tout, cela ne faisait que 100 CV à l'heure ! Elle étendit la main au-dessus de la montagne, à la recherche de la première enveloppe.

C'est alors qu'elle aperçut une petite boîte carrée recouverte de papier doré, qui dépassait un peu de la pile. Ça ne faisait pas plus de 10 cm sur 10 cm. Nathalie la retira délicatement sans renverser l'imposant amas sur son bureau, en défit l'emballage et découvrit... une sim-ple disquette informatique. Sur l'étiquette, on pouvait lire l'inscription suivante : « INSÉREZ DANS VOTRE ORDINA-TEUR ET TAPEZ **A:\ POSTE D'ADJOINT** ». Sa curiosité piquée au vif, elle se rendit à son ordinateur, y inséra le curieux cadeau et tapa la commande proposée.

L'écran s'illumina instantanément. Devant elle clignotaient les mots : « FATIGUÉE DE LIRE DES CV ? » Elle se dit que celui qui avait préparé cette présentation devait la connaître... Le premier écran disparut pour être remplacé par un nouveau : « J'AI UNE SOLUTION pour vous ! »

De nouveau, un effet visuel vint remplacer le second écran. Cette fois, la photo de l'expéditeur et son nom apparurent pour être remplacés, par la suite, par un CV complet de l'individu, avec sa liste de qualifications et les références attribuées à son employeur précédent. Finale-ment, la présentation se termina sur un écran fixe qui indiquait le numéro de téléphone de l'expéditeur sollicitant une entrevue.

Nathalie était songeuse. Elle aurait bien aimé contacter immédiatement ce candidat et lui proposer une entrevue, mais ce n'était pas dans ses habitudes de ne pas lire tous les CV reçus. Soupirant, elle se leva et revint à sa montagne pour en extirper une enveloppe au hasard. Sa main s'immobilisa. « Stop ! pensa Nathalie. Commence par rencontrer ce gars-là et, si sa candidature ne te satisfait pas, tu t'attelleras à ta corvée ! » Nathalie n'hésita pas longtemps. Elle retourna à son écran où se trouvait toujours le numéro de téléphone. Elle aurait fini pour 11 heures.

UN OUTIL POLYVALENT

Nombreux sont ceux qui entretiennent encore la fausse impression que le marketing direct est fait pour les entreprises mondialisées. Ils pensent à *Reader's Digest* ou au Club du disque Columbia pour en conclure qu'ils ne disposent pas des ressources nécessaires.

Notre mise en situation vise à établir que le chiffre d'affaires ne conditionne pas le recours au marketing direct. Les huit stratégies de base qui suivent vous diront ce que cet outil efficace peut vous rapporter. Voyez où vous vous situez par rapport aux neuf groupes d'utilisateurs que nous avons cernés.

LES 8 STRATÉGIES DE BASE

Pourquoi faire du marketing direct ? Pourquoi investir des ressources humaines et financières dans une nouvelle aventure alors que, somme toute, les affaires vont relativement bien ? Voici huit raisons qui s'adressent à vos préoccupations.

1. Se distinguer de la concurrence.

Nous venons d'en voir un exemple. Le candidat à la disquette aurait-il reçu la même attention s'il avait envoyé un CV traditionnel ? Le marketing direct peut vous distinguer de la concurrence en vous donnant une visibilité que les autres n'ont pas. Même si vos concurrents l'utilisent déjà, il est toujours possible de trouver un angle inexploité, une façon de communiquer votre message qui le rendrait unique.

2. Trouver de nouveaux clients.

C'est l'objectif le plus fréquemment poursuivi. Vous expédiez une offre d'abonnement à 10 000 abonnés d'une revue semblable à la vôtre. Ces abonnés, parce qu'ils correspondent à votre clientèle cible et qu'ils se sont déjà abonnés à une revue, sont les plus susceptibles de retourner la carte-réponse dûment remplie après avoir coché la case « Facturez-moi plus tard ».

3. Fidéliser la clientèle.

Le marketing direct ne sert pas qu'à trouver de nouveaux clients. Vous l'utiliserez également pour vendre des produits complémentaires ou faire de nouvelles offres aux clients qui ont déjà acheté chez vous. Vous l'utiliserez afin d'avertir un client que ses stocks diminuent dangereusement ou simplement pour desservir les comptes-clients qui ne sont pas suffisamment importants pour se voir assigner un vendeur.

4. Déterminer les arguments de vente les plus percutants.

En préparant une campagne publicitaire grand public, vous vous servirez du marketing direct pour tester l'efficacité de vos arguments de vente. Nous avons déjà présenté cette méthodologie dans le chapitre précédent.

5. Trouver des prospects.

Le temps de vos vendeurs est précieux. On a estimé à 250 $ le coût d'une visite chez un client potentiel. Le marketing direct servira à créer des demandes de renseignements. Au lieu de visiter tous les clients potentiels, vos vendeurs concentreront ainsi leurs efforts sur ceux qui ont déjà manifesté de l'intérêt envers votre produit ou vos services. Le marketing direct vous aura permis de faire une présélection des intéressés.

6. Présélectionner les prospects.

Il ne suffit pas qu'un client potentiel veuille recevoir des renseignements pour que vous lui dépêchiez votre meilleur vendeur. Il importe de savoir le montant annuel de ses achats, la façon dont il vous paiera, bref s'il sera rentable ou non. Là encore, le marketing direct vous aidera à sélectionner les clients à servir en priorité grâce au télémarketing.

Supposons que vous faites parvenir à 500 prospects un publipostage qui leur demande de retourner une carte-réponse afin de recevoir gratuitement de l'information. Une centaine d'entre eux répondent. Qu'allez-vous faire à présent ? Votre meilleur recours est le téléphone. Appelez-les personnellement et posez-leur quelques questions vous permettant de déterminer le potentiel annuel de chacun. Par exemple : de qui achète-t-il actuellement ? Quel est son volume annuel ? Combien d'unités prévoit-il utiliser au cours du prochain trimestre ? Selon les réponses, vous classez ces personnes en deux catégories : les prospects jugés prioritaires recevront la visite d'un représentant, alors que les autres recevront une liste de prix, un catalogue complet et des bons de commande. Vous réussirez ainsi à satisfaire tout le monde sans gaspiller le précieux temps de vos vendeurs.

7. Annoncer de nouveaux produits.

Le marketing direct se révèle très efficace pour lancer de nouveaux produits. L'envoi d'échantillons gratuits et d'invitations au lancement sont des techniques bien connues. Mais vous pouvez faire mieux : préparez un publipostage qui présente votre nouvelle gamme et offre à vos clients un séminaire complet, en magasin, destiné à montrer à leurs vendeurs comment mieux « pousser » votre produit. Tout marchand qui accepte une telle offre commande invariablement un inventaire de départ de la nouvelle ligne. Cette approche aura plus de succès que celle d'un vendeur, aussi dynamique soit-il, qui se présente sans rendez-vous dans l'intention de placer sa ligne.

8. Renforcer une campagne utilisant la publicité traditionnelle.

Marketing direct et publicité de masse peuvent parfois faire bon ménage et se renforcer mutuellement. Supposons que vous prépariez une grande vente annuelle commençant dans un mois et devant durer deux semaines. Pourquoi ne pas faire parvenir à vos meilleurs clients, deux semaines avant le début de la vente, une lettre leur offrant de bénéficier des aubaines avant la ruée ? Non seulement fidéliserez-vous davantage cette clientèle, mais encore vous contrôlerez mieux votre achalandage !

LES 9 CATÉGORIES D'UTILISATEURS

Le moment est venu de répondre à la question : « C'est pour qui ? » Nous avons relevé neuf catégories d'utilisateurs de marketing direct. Vous vous situez certainement dans l'une d'elles.

1. Le chercheur d'emploi

Deux facteurs militent ici en faveur d'une approche de marketing direct. D'abord, la nécessité de se distinguer, à défaut de quoi votre CV risque de passer inaperçu. De plus, chercher un emploi, c'est faire une vente. Il convient donc d'en adopter les règles de l'accroche et de la persuasion, des principes dont nous traiterons plus loin.

Ne considérez pas que vous sollicitez un emploi, mais plutôt que vous vendez vos services. Déterminez les avantages que recherche celui qui vous emploiera et

Le (date)

Madame (Monsieur) Nom du client
Titre ou fonction
Adresse
Code postal

Madame,
Monsieur,

Notre vente annuelle se tiendra du _____ au _____ à travers tout notre réseau. Nous nous promettons bien de « mettre le paquet » cette année et d'offrir au public des promotions sans précédent ! Vous ne manquerez pas de voir bientôt nos publicités à la télé et dans les journaux.

Si je vous écris, c'est que vous êtes un de nos meilleurs clients et que nous avons décidé de vous offrir cette saison la possibilité d'éviter la cohue des grandes ventes. Nous vous invitons donc à bénéficier immédiatement des aubaines à venir, sans vous imposer les inévitables bousculades. Vous n'avez qu'à vous présenter avec cette lettre à l'un de nos magasins pour profiter de notre vente avant même qu'elle ne commence.

Vous trouverez ci-inclus une liste partielle des économies que vous réaliserez chez nous. Nos conseillers se feront un plaisir de vous révéler, sur place, toutes les surprises que nous vous avons réservées. C'est un rendez-vous à ne pas manquer !

Veuillez agréer Madame, Monsieur, l'expression de nos sentiments les meilleurs.

(La signature)

transformez-les en arguments de vente. Présentez-lui les bénéfices qu'en retirera son organisation et utilisez les témoignages pouvant faire pencher la balance en votre faveur. Vous pourriez aller jusqu'à offrir – pourquoi pas – un essai gratuit de 24 heures !

2. Le fabricant

L'éditeur qui annonce ses dernières parutions directement au public se réserve une marge bénéficiaire supérieure sur ces ventes tout en soutenant la demande de ses livres dans le réseau des librairies. Le fabricant de mobilier de salon qui pousse dans ses publicités ses clients potentiels à composer un numéro 800 (sans frais d'appel) pour obtenir de plus amples renseignements renforce la demande de ses produits, répond à l'avance aux questions des clients et les dirige chez le plus proche détaillant. Il évite ainsi le risque de voir un client intéressé par la publicité se présenter chez un marchand qui ne vend pas sa ligne.

3. Le grossiste

Le grossiste fera porter ses efforts de marketing direct sur deux cibles distinctes : le détaillant et le consommateur. Sur le premier front, il pourra gérer à distance l'inventaire de son client et le contactera par télémarketing pour lui dire qu'il est temps de commander. Sur le deuxième front, il fera parvenir des offres d'essais gratuits à des clients bien ciblés et, à ceux qui ont déjà acquis des produits de sa gamme existante et ont fait parvenir leur carte d'adhésion, il offrira des coupons de réduction. Il n'y a pas meilleur client qu'un client déjà satisfait par un autre de vos produits.

Nous sommes à une époque où nous devons en faire plus avec moins. Le grossiste sortira gagnant s'il sait compenser par des contacts téléphoniques réguliers le nombre de plus en plus restreint de ses représentants sur la route.

4. Le détaillant

Le marketing direct offre au détaillant un arsenal complet de techniques destinées à augmenter son chiffre d'affaires. Nous avons déjà vu l'invitation à une prévente ou la présentation d'une nouvelle gamme de produits. Ajoutez-y la lettre destinée au consommateur qui achève de payer son compte et que vous sollicitez à nouveau avant qu'il n'aille faire bénéficier quelqu'un d'autre de son pouvoir d'emprunt bien établi.

Le télémarketing d'appel permet de dépister rapidement les clients potentiels que vos vendeurs doivent rencontrer. Le détaillant qui se spécialise dans un domaine de pointe peut également utiliser le télémarketing pour percer des marchés éloignés.

Ceux qui participent à des foires commerciales peuvent profiter d'un filon souvent mal exploité. Au lieu de jeter les coupons remplis par les visiteurs pour prendre part à un tirage, pourquoi ne pas s'en servir pour un publipostage ? Ces noms représentent des clients potentiels de choix !

Enfin, le marketing direct permet à un détaillant de cibler plus efficacement sa clientèle en la segmentant entre les nouveaux clients, les clients réguliers et les clients dont les achats sont en baisse. Grâce à cette identification, il personnalisera son offre en l'adaptant au profil de chacun. C'est ce que nous verrons dans les chapitres 3 et 4.

5. L'organisme sans but lucratif (OSBL)

Pour l'organisme sans but lucratif, le mot financement rime nécessairement avec marketing direct. Les envois postaux sont non seulement utiles pour réunir des fonds au moment de la mise sur pied de l'organisme, mais ils sont également déterminants au cours des campagnes annuelles de financement.

En effet, il n'y a pas meilleur donateur que celui qui a déjà donné. L'OSBL fera parvenir un envoi à ses donateurs de l'année précédente. Il leur rappellera sa vocation et la cause qu'il sert, leur suggérant un don légèrement supérieur à celui de l'an dernier. Une étude des caractéristiques sociodémographiques de ces donateurs servira par la suite à louer une liste de noms aux profils semblables pour les solliciter en vue d'un premier don.

Ce sont donc deux campagnes distinctes que l'OSBL devrait tenir : la première, destinée aux donateurs de la campagne précédente en tenant compte de leurs dons, et la seconde, auprès de personnes susceptibles de devenir donateurs, sans leur suggérer un montant quelconque.

6. Le centre de profit

De plus en plus de grandes entreprises subdivisent leurs opérations en unités autonomes, qui doivent concurrencer les soumissionnaires externes pour continuer à desservir les autres composantes de l'organisation.

Ces centres de profit partent avec l'énorme avantage sur la concurrence de connaître mieux que quiconque les besoins des autres services. Toutefois, leurs offres sont rarement irrésistibles, car au moment de concocter un publipostage, ils oublient que les autres membres de l'entreprise sont également des clients qu'ils doivent persuader !

7. L'association sectorielle

Une association sectorielle peut tirer parti du marketing direct dans deux contextes. En premier lieu, celle-ci peut tenter d'accroître la participation au moment d'événements liés au financement (tournois de golf, soupers-conférences, colloques, etc.).

En second lieu, il est très efficace de louer la liste des membres d'une association à d'autres membres qui souhaiteraient leur offrir directement des services. La Chambre de commerce du Montréal métropolitain fournit ce service sous le nom « D'un membre à l'autre ». Un vendeur d'assurances peut, par exemple, faire parvenir, par l'entreprise de la Chambre, une offre de service à un échantillon de membres sélectionnés selon leur occupation ou leur secteur d'activités.

8. Le parti politique

Qu'il soit municipal, provincial ou fédéral, tout parti politique a intérêt à utiliser le marketing direct pour solliciter des contributions au cours d'événements spéciaux ou à la veille d'une campagne électorale. Le rendement s'en trouvera sensiblement amélioré si, deux à trois semaines après l'envoi, on relance par télémarketing ceux qui auraient « oublié » d'envoyer leurs dons.

9. L'entreprise de service

La situation de beaucoup d'entreprises de services a ceci de particulier que l'équipe de production en constitue également la force de vente. Les dirigeants se trouvent soit débordés, et n'ont donc plus le temps de prospecter, soit sans travail à la fin du mandat courant puisqu'ils n'auront pas pu s'en décrocher un nouveau !

Un bon programme de publipostage, fait en continu tout au long de l'année, permettrait aux dirigeants d'éliminer tout gaspillage de temps et d'assurer un roulement adéquat.

47

LE CHAPITRE 2 EN UN COUP D'ŒIL

Les 8 stratégies de base :

- Se distinguer de la concurrence.
- Trouver de nouveaux clients.
- Fidéliser la clientèle.
- Déterminer les arguments de vente les plus percutants.
- Trouver des prospects.
- Présélectionner les prospects.
- Annoncer de nouveaux produits.
- Renforcer une campagne utilisant la publicité traditionnelle.

Les 9 catégories d'utilisateurs :

- le chercheur d'emploi ;
- le manufacturier ;
- le grossiste ;
- le détaillant ;
- l'organisme sans but lucratif (OSBL) ;
- le centre de profit ;
- l'association sectorielle ;
- le parti politique ;
- l'entreprise de service.

LA PREMIÈRE PARTIE EN ACTION !

Prenez le temps de remplir les grilles de réflexion que nous vous proposons à la fin de chaque partie. Elles vous permettent d'utiliser à chaud tous les éléments pratiques en vue de relever vos propres défis.

1. À laquelle des neuf catégories d'utilisateurs vous identifiez-vous ?

   _____

2. Nommez deux des huit stratégies de base qui vous conviennent.

   _____

   _____

3. Quels sont les avantages spécifiques du marketing direct que vous recherchez dans votre domaine ?

   _____

4. Si vous deviez préparer tout de suite une campagne de marketing direct, quel média utiliseriez-vous ?

   _____

   • Pourquoi ? _____

   _____

   • À quels clients vous adresseriez-vous ?

   _____

   • Comment les sélectionneriez-vous ?

   _____

   _____

   • Quelle offre leur feriez-vous ?

   _____

   _____

5. Notez ici, en une vingtaine de mots, l'idée de promotion qui vous est venue au cours de votre lecture.

   _____

   _____

   _____

DEUXIÈME PARTIE

LES OUTILS DE BASE

Le succès en marketing direct repose sur une démarche systématique. Cette démarche, et les principaux outils qui permettent de la suivre, constitue l'objet de cette deuxième partie. D'une certaine façon, vous entamez la partie la plus importante de cet ouvrage, puisque la maîtrise de ces outils de base vous évitera les coûteuses erreurs suivantes :

- **Faire à un client potentiel une offre inacceptable.** Brûlez une seule fois un client potentiel et vous le perdrez à jamais. Il importe de distinguer votre offre de votre intention. Le chapitre 3 présentera les pôles de développement qui, s'appuyant sur votre intention, vous permettront d'élaborer une offre convaincante.

- **Offrir votre produit à un client qui n'en veut pas.** Donnez-vous la peine d'établir des listes d'envoi qui correspondent au profil de votre client type. Autrement, vous gaspillerez beaucoup d'argent à solliciter des clients qui ne veulent même pas entendre parler de votre produit. Nous traiterons de l'élaboration d'un profil type dans le chapitre 3 et de l'utilisation de listes au chapitre 4.

Une campagne de marketing direct ne se décide pas sur un coup de dés. Vous n'avez aucun intérêt à offrir n'importe quoi à n'importe qui. Tournez la page pour voir comment tirer le maximum du budget que vous accordez au marketing direct.

3

L'intention

MONSIEUR DOYON ET L'ÉPARGNE-ÉTUDE

La journée fut éreintante, et monsieur Doyon avait hâte de retrouver son fauteuil et de déguster une bonne bière. En rentrant chez lui, il lança le courrier sur la table de la cuisine et se pencha pour flatter son chien. Ces longues journées passées seul mettaient l'animal dans un état de surexcitation dès qu'il entendait son maître rentrer. Il était maintenant étendu par terre, sa queue frétillait et son regard quémandait les caresses. Monsieur Doyon s'exécuta quelques minutes, puis se releva et remplit d'eau fraîche et de nourriture le bol de l'animal.

Une fois ce rituel accompli, notre homme se rendit au frigo et prit une bouteille de bière qu'il décapsula rapidement. Ramassant les enveloppes sur la table, il se dirigea vers le salon, alluma le téléviseur et s'installa confortablement pour lire son courrier. Fidèle à son habitude, le chien vint s'étendre près du fauteuil, les yeux rivés à l'écran.

Sur trois enveloppes, deux étaient facilement identifiables : le compte de téléphone et la facture d'électricité. Il les ouvrirait plus tard. Il prêta plus d'attention au troisième envoi.

L'enveloppe était assez grande et portait, dans son coin supérieur droit, les mentions « BLK » et « EN NOMBRE ». C'était donc un envoi promotionnel, et M. Doyon se demanda ce qu'on essayait encore de lui vendre. Il déchira un côté de l'enveloppe pour en extirper le contenu : une lettre et un dépliant provenant d'un service financier. Il posa le dépliant et l'enveloppe vide par terre, sur le tapis, avec les factures d'Hydro et de Bell, et entreprit la lecture de la lettre.

« Chère madame Doyon... »

Ça commençait mal. Monsieur Doyon était un célibataire endurci. Il se força à lire la suite :

« L'avenir de vos enfants vous tient à cœur... »

De mal en pis. Il n'avait pas d'enfant non plus. Il poursuivit le texte parsemé de « madame Doyon » et faisant de nombreuses références à la nécessité de contribuer à un régime d'épargne-études. Monsieur Doyon hocha la tête, se demandant combien un tel envoi pouvait coûter à son expéditeur. Il se pencha pour ramasser le dépliant, mais son chien avait déjà eu le temps de le grignoter.

« Voyons, Cachou ! La prochaine fois, mange le compte d'électricité ! »

L'OFFRE ET L'INTENTION

Que vous révèle cette mise en situation ? Qu'auriez-vous fait à la place de M. Doyon ? Seriez-vous allé jusqu'au bout de la lettre ? À quoi sert d'engloutir une petite fortune dans la conception d'un envoi postal si vous ignorez à qui vous l'adressez ? L'entreprise qui a expédié cette offre à M. Doyon n'a certainement pas ciblé sa clientèle potentielle. Un tel envoi n'est pas un investissement, mais une dépense inutile !

D'autres erreurs existent également en marketing direct. Parmi elles, l'incapacité de distinguer l'offre de l'intention est lourde de conséquences. Dans ce chapitre, nous nous appliquerons à proposer une façon d'élaborer votre offre. Ce n'est pas nécessairement la meilleure, et vous pouvez concevoir la vôtre. Ce qui importe, c'est d'apprendre à préparer une offre qui a toutes les chances de soulever l'intérêt de votre clientèle cible.

LES DEUX PÔLES DE DÉVELOPPEMENT

Supposons un instant que je suis un concessionnaire d'automobiles. Mon intention, en lançant un publipostage, sera évidemment de vendre des voitures. Mais j'ai conscience que tous ceux qui auront reçu mon envoi postal ne se précipiteront pas pour acquérir une voiture neuve. On ne peut pas prendre une aussi grosse décision sur un simple coup de tête.

Je vais donc concevoir une offre qui poussera l'acheteur potentiel à faire un premier pas vers l'achat d'une voiture. Ce sera, par exemple, un concours destiné à tous ceux qui auront accepté de faire un essai routier au volant d'un nouveau modèle. Je compte sur cet essai pour convertir un bon nombre de ces acheteurs potentiels en acheteurs réels.

L'intention, c'est ce que je veux réaliser – à savoir, vendre une voiture – et l'offre, c'est la première étape que me fait franchir le marketing direct – à savoir, convaincre le prospect d'effectuer un essai routier. L'écart entre mon intention et mon offre varie selon la nature de mon produit et le profil de mon client cible.

La figure 3.1 représente le cadre conceptuel de notre démarche. Les pôles du développement de notre offre sont le produit et le client. Visiblement, l'écart entre l'intention et l'offre est fonction des caractéristiques de chacun.

Les outils qui permettent de profiter au maximum de ces pôles sont la conversion du produit en avantages,

55

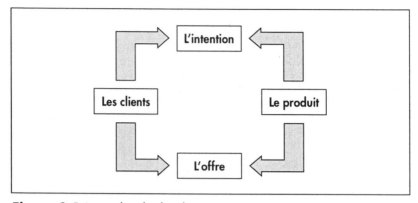

Figure 3.1 Les pôles de développement

l'établissement d'un profil type de la clientèle visée, la définition de l'intention et la présentation de l'offre.

1er OUTIL : LA CONVERSION DU PRODUIT EN AVANTAGES

Connaissez-vous la principale motivation de vos clients ? Dites-vous une fois pour toutes que vous ne vendez pas des produits ou des services, mais plutôt la réponse à des besoins ou la solution à des problèmes. Les clients n'achètent pas chez vous parce que vous avez un quelconque produit ou service à vendre ; ils achètent chez vous parce qu'ils y trouvent un avantage, un bénéfice suffisamment important pour qu'ils dépensent leur argent. Si vous souhaitez les motiver à l'achat, vous devez, dans un premier temps, démontrer la différence entre ce que vous offrez et les avantages que vont en retirer les clients.

Pour illustrer notre propos, supposons que vous vendez des réfrigérateurs. Ces réfrigérateurs ont des caractéristiques techniques que vous êtes tenté d'utiliser comme des arguments de vente. N'en faites rien ! Pour devenir des arguments de vente, ces caractéristiques doivent être transformées en avantages pour le client.

Par exemple, si votre réfrigérateur est mieux isolé, il en coûtera moins cher pour le faire fonctionner. La

Caractéristiques de votre produit	Avantages pour votre client
Isolation améliorée	Utilisation économique
Garantie prolongée	Sécurité et tranquillité d'esprit
Montage silencieux du compresseur	Calme et quiétude

Tableau 3.1 Les caractéristiques par rapport aux avantages

caractéristique, c'est l'isolation, alors que l'avantage pour le client, c'est l'économie. Si votre réfrigérateur est couvert d'une bonne garantie, votre client aura l'esprit tranquille pendant des années. La caractéristique, c'est la garantie, alors que l'avantage pour le client, c'est la sécurité et la tranquillité d'esprit. Finalement, si le compresseur de votre réfrigérateur est monté de façon à ne pas vibrer, votre client ne sera pas dérangé la nuit par ce bruit qui réveille toute la maisonnée chaque fois que le réfrigérateur se met en marche. La caractéristique, c'est le montage du compresseur, alors que l'avantage pour le client, c'est le calme et la quiétude. Le tableau 3.1 illustre notre exemple.

N'oubliez jamais que ce sont les avantages, et non les caractéristiques, que vos clients achètent. Ce sont donc ces avantages que vous devez utiliser au moment de l'élaboration de votre offre. Si vous vous contentez de vanter l'isolation de votre réfrigérateur, votre prospect ne fera pas le lien avec l'épargne qui est à sa portée. Dites-le lui. *Même si les liens vous paraissent évidents, donnez-vous la peine de présenter les avantages.*

Utilisez le tableau de la page 58 à titre d'exemple pour y inscrire les bénéfices que l'un ou l'autre de vos produits procure à son utilisateur. Si vous vous bornez à vendre les caractéristiques, vous n'enregistrerez qu'une fraction des ventes de celui qui vend des avantages. Rappelez-vous : vous vendez des solutions à des problèmes et des réponses à des besoins.

Caractéristiques de mon produit ou service	Avantages pour mon client

Tableau 3.2 Les caractéristiques de mon produit ou service en comparaison avec les avantages pour mon client

2ᵉ OUTIL : L'ÉTABLISSEMENT D'UN PROFIL TYPE DE VOTRE CLIENTÈLE

Vous avez déjà des clients que vous arrivez à satisfaire. Sinon, vous ne seriez plus en affaires. Ce sont des clients qui continuent à acheter chez vous parce que votre offre et les avantages qu'elle présente leur conviennent. Imaginez que vous réussissiez à trouver mille autres clients ayant les mêmes goûts et les mêmes attentes que votre clientèle régulière. Vous savez que vous pourriez les satisfaire puisque les autres continuent à faire affaire chez vous. Quel défi gratifiant !

C'est précisément ce que vous ferez en marketing direct : vous soumettrez votre offre aux personnes les plus susceptibles de les accepter. Et comme ces personnes partagent les mêmes caractéristiques que votre clientèle actuelle, il est nécessaire d'analyser celle-ci pour connaître le mieux possible ceux que vous tenterez de joindre.

Si votre entreprise est comme la majorité des PME québécoises, votre fichier-clients est assez rudimentaire, ce qui ne vous permet pas de faire des tris ou de produire des rapports statistiques valables. Peut-être ne comporte-t-il que le nom, l'adresse et le code du client, son numéro de téléphone et, probablement, son statut de crédit et le solde de son compte.

Pour profiter pleinement du marketing direct, il vous faut absolument enrichir votre fichier-clients. Vous devez y inclure des champs qui vous permettront, à la fois, de mieux servir vos clients actuels et de dégager un profil type de votre clientèle. Cet élément est essentiel pour votre recherche de nouveaux clients. Voici quelques champs que nous vous suggérons d'ajouter :

- **Groupe d'âge.** C'est un indicateur très important. En compilant votre propre liste de clients, vous allez peut-être vous rendre compte que 80 % de votre clientèle a entre 25 et 35 ans, mais que 45 % de vos ventes sont effectuées auprès de personnes ayant dépassé la cinquantaine. Quand viendra le temps de louer une liste de noms, vous chercherez celle qui correspond au groupe d'âge identique à celui de vos meilleurs clients.

- **Statut familial.** Ce champ a une grande portée. Les besoins d'une personne varient considérablement, selon qu'elle vit seule ou en couple, qu'elle a ou non des enfants. Vous ne tenterez pas de vendre des livres jeunesse à un célibataire sans enfant. Si vous gérez un restaurant, vous ciblerez les familles avec enfants pour vos offres de forfait familial du dimanche.

- **Occupation.** La profession ou le métier de quelqu'un conditionne la plupart de ses achats. Si vous vendez des cassettes de motivation, votre principale clientèle sera constituée de vendeurs. Si vous offrez des sessions de perfectionnement en gestion du temps, les cadres supérieurs seront vos meilleurs prospects. L'occupation est un critère d'autant plus intéressant que vous pouvez avoir accès à des listes spécialisées par catégorie occupationnelle.

- **Revenu familial.** Ce facteur détermine la capacité d'achat d'un prospect ainsi que sa sensibilité à un seuil de prix. En outre, il permet de classi-fier les données relatives aux motivations d'achat (sécurité, statut social, peur, remords, prestige, etc.).

- **Centres d'intérêts.** Certains clients de votre agence de voyages préfèrent les destinations soleil, d'autres ne jurent que par l'Europe, et il y a un bon groupe d'amateurs de séjours exoti-ques. Tous ne réagiront donc pas de la même façon à la même offre. Il vous revient de la modu-ler selon les centres d'intérêts de chaque caté-gorie.

- **Achats antérieurs.** Si vous vendez six gammes de produits et qu'un client particulier n'achète que les gammes A, B et C, vous savez qu'il sera plus sensible à des offres portant sur ces der-nières. Imaginez-vous un libraire qui enverrait aux amateurs d'essais politiques une offre por-tant sur des romans à l'eau de rose ? L'envoi ne ferait certainement pas ses frais.

- **Délai d'utilisation.** En incorporant cet élément dans votre fichier-clients, vous serez en mesure de faire imprimer, tous les matins, une liste des clients qui auront bientôt besoin de se réappro-visionner. Par exemple, si un client s'approvi-sionne chez vous tous les deux mois, vous avez intérêt à le recontacter dans six ou sept semai-nes. Vous éviterez ainsi qu'il se retrouve en rup-ture de stock et achète du premier représentant de passage.

- **Date du dernier achat.** Ce champ vous permet de relancer un client dont le compte est inactif depuis trois mois. Il vous sert également à recon-quérir avec une offre spéciale des clients qui n'ont rien acheté depuis au moins six mois.

- **Achat moyen en dollars.** Les gens ont l'habitude de répéter leurs gestes. Il est très difficile de vendre un article de 90 $ à quelqu'un dont l'achat moyen par la poste se situe autour de 30 $. Vous aurez plus de succès en lui offrant un achat qui corresponde au montant qu'il dépense habituellement ou encore en lui offrant le bénéfice de paiements mensuels sans intérêts équivalant à son achat moyen.

- **Nombre d'achats au cours des 12 derniers mois.** Certains clients achètent plus souvent que d'autres, et vous devez adapter votre offre à cette fréquence. Si vous louez votre propre liste de clients, le nom de ceux qui ont acheté récemment vaut plus cher que les autres.

- **Mode de paiement.** Autant que possible, offrez aux clients le mode de paiement qu'ils préfèrent. Si la formule «trois paiements de 30 $ portés sur une carte de crédit» sourit à un segment important de votre clientèle, vous avez tout avantage à lui présenter ce mode de paiement au moment de votre prochain envoi.

- **Motivation.** Plusieurs facteurs de motivation comme la peur, la sécurité, la culpabilité, l'orgueil, etc., provoquent l'action (nous le verrons au chapitre 5). Seule une bonne connaissance de votre clientèle vous permettra de bien cibler vos efforts.

- **Spécificité.** Si, dans votre domaine d'activité, un critère revêt une importance capitale dans le processus d'achat, ajoutez-le à votre base de données. Plus vous en saurez sur votre client type, mieux vous réussirez à conquérir de nouveaux acheteurs présentant le même profil.

Il est évident que le fait de tenir son fichier-clients dans un classeur en carton n'est pas possible si on a plus d'une trentaine de clients. Vu le nombre de champs qu'il vous faut utiliser pour mettre en place un envoi un tant soit peu efficace, un tri à la main serait pour le moins fastidieux. En revanche, les noms seront triés et les étiquettes d'envoi imprimées en moins de 10 minutes si votre fichier est informatisé. Cette technologie est déjà utilisée par vos concurrents, et vous devez en faire autant si vous voulez rester dans la course. Au demeurant, ordinateurs et logiciels sont offerts à des prix abordables et, soit dit en passant, ils sont aussi d'une utilisation de plus en plus conviviale.

3e OUTIL : LE DÉVELOPPEMENT DE VOTRE INTENTION

Quel but visera votre campagne de marketing direct ? Si vous ne le savez pas dès le départ, vous n'aurez aucune ligne directrice pour vous guider pendant son élaboration et, selon toute probabilité, vous n'aurez pas le succès escompté. Contrairement à la publicité traditionnelle, où même une annonce médiocre peut donner une certaine visibilité à votre produit, en marketing direct, une intention mal définie entraîne invariablement l'échec.

Retournez voir les huit stratégies de base énumérées au chapitre 2 et résistez à la tentation de vous fixer plus d'un objectif par campagne. Il ne sert à rien de vouloir, à la fois, trouver des prospects et chercher à fidéliser votre clientèle actuelle. En éparpillant vos efforts, vous nuisez à l'efficacité globale de votre offre. Définissez clairement votre intention avant de passer à la table de l'offre.

4e OUTIL : L'UTILISATION DE LA TABLE DE L'OFFRE

L'illustration intitulée *Essai routier* reprend l'exemple de notre concessionnaire de voitures qui souhaite vendre son nouveau modèle familial. C'est son intention. Même en faisant parvenir son publipostage aux seules familles dont la voiture actuelle est très vieille, il sait pertinemment qu'un simple envoi ne provoquera pas, à lui seul, l'achat souhaité. Considérant que ses vendeurs ne peuvent pas contacter personnellement tous les clients potentiels, il procédera donc à son envoi en deux étapes.

Dès lors, son offre visera à provoquer un essai routier. Elle consistera à lancer un concours ouvert à tous ceux qui auront effectué un essai routier, et on

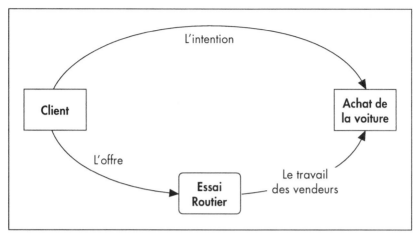

Figure 3.2 Essai routier

procédera parmi eux au tirage d'une voiture. Au terme de cette première étape, il reviendra aux vendeurs de conclure la vente. Cette offre présente les caractéristiques suivantes.

- **Elle est vendable par marketing direct.** Elle ne provoquera pas d'incrédulité, comme ça risque d'être le cas si vous proposez à quelqu'un d'acheter une voiture par la poste. Il est possible de vendre un abonnement par la force de persuasion du seul matériel promotionnel, mais non une auto.

- **Elle constitue une étape logique vers l'intention.** L'envoi se contente de vendre l'agréable perspective d'essayer une voiture neuve. L'effort vise à amener dans la salle d'exposition des clients potentiels. Ce sont les vendeurs qui concluront la vente de la voiture.

- **Elle procure une motivation à l'action immédiate.** Ceux qui se donneront la peine d'aller faire un essai routier avant une date précise participeront au tirage d'une automobile de la même marque. Cet argument devrait susciter une action rapide si le ciblage a été fait adéquatement.

L'efficacité d'une offre est fonction de ces trois conditions. Notre concessionnaire aurait très bien pu lancer une invitation à un concert de jazz dans sa salle d'exposition. Mais les gens qu'il aurait attirés seraient d'abord des amateurs de jazz avant d'être des acheteurs de voiture neuve. La première étape, celle de l'essai routier, constitue une étape logique vers l'intention, alors que le concert de jazz est essentiellement un divertissement.

La table de l'offre (tableau 3.3) est un bon outil pour visualiser le passage de l'intention à l'offre. Elle comporte cinq sections.

1. Définition de l'intention

Dans cette section, vous inscrivez votre intention, telle qu'elle a été définie au point précédent, en vous demandant s'il est possible de la présenter par le biais du marketing direct. S'il s'agit de vendre un abonnement ou de demander un don pour une bonne cause, elle est vendable, et vous passez à la troisième section. Autrement, vous vous rendez à la section 2.

2. Choix d'une étape vers l'intention

Si votre offre n'est pas présentable telle quelle, vous devez trouver une offre qui constitue une étape logique vers votre intention. Elle peut prendre la forme d'un essai gratuit, comme notre essai routier, d'une offre d'information gratuite, d'une consultation gratuite ou d'une inspection gratuite. Le consultant en efficacité organisationnelle pourra, par exemple, offrir un diagnostic préliminaire gratuit qui mettra l'accent sur tous les points à améliorer dans l'organisation.

Une variante que vous n'ignorez certainement pas est la première vente à prix réduit. C'est l'offre type des clubs de livres ou de disques : les six premières sélections vous sont proposées à un prix très bas, moyennant votre engagement à acheter un nombre déterminé d'articles par trimestre pendant deux ans.

Une fois que vous aurez trouvé une offre vendable constituant une étape logique de votre démarche vers votre intention, rendez-vous à la troisième section, celle qui traite de l'amélioration de l'offre.

La table de l'offre

Définition de l'intention

1. Quelle est votre intention ?

_____

_____

_____

2. Cette intention est-elle vendable telle quelle par marketing direct ?

   o oui (Passez à la section « Amélioration de l'offre ».)

   o non (Passez à la section « Choix d'une étape vers l'intention ».)

Choix d'une étape vers l'intention

Quelle offre pourriez-vous concevoir qui constituerait une première étape vers la réalisation de votre intention ?

- Essai gratuit   O
- Première vente à prix réduit   O
- Information gratuite   O
- Consultation gratuite   O
- Inspection gratuite   O
- Autre idée _____

Amélioration de l'offre

Comment pouvez-vous améliorer votre offre pour qu'elle soit plus facile à vendre ?

- Jouer sur les prix   O
- Jouer sur le paiement   O
- Offrir une prime   O
- Organiser un concours   O
- Jouer sur la garantie   O
- Autre moyen : _____

Le test des trois questions

1. Cette offre peut-elle être faite dans le cadre d'une activité de marketing direct ? ◯ oui ◯ non

2. Cette offre constitue-t-elle une étape logique vers votre intention ?

   ◯ oui ◯ non

3. Cette offre présente-t-elle une motivation susceptible de provoquer l'action ?

   ◯ oui ◯ non

   • En quoi ?

   _____

   _____

   _____

Sommaire

1. Quelle est votre cible : vos clients actuels ou de nouveaux clients ?

   _____

2. Résumez, en quelques mots, l'offre que vous vous proposez de faire.

   _____

   _____

Tableau 3.3 La table de l'offre

3. Amélioration de l'offre

Cette étape vise à faciliter l'action de la part du client potentiel. Simplifiez le processus d'achat, essayez d'aplanir les dernières objections, suscitez un sentiment d'urgence. Nous vous avons proposé un certain nombre de moyens de provoquer l'action, mais il y en a peut-être d'autres mieux adaptés à votre secteur d'activités.

Le prix lui-même se prête à plusieurs variantes d'incitation. L'offre de prix réduit pour un temps limité suscite l'urgence ; le surplus d'inventaire ou la nécessité de liquidation expliquent de manière convaincante pourquoi votre prix est vraiment bas ; le changement de saison dit pourquoi tout doit être vendu ! Vous pouvez également utiliser la sélectivité en expédiant une carte privilège à vos clients actuels pour leur offrir une réduction supplémentaire. Quant au fameux prix spécial de lancement, il s'adapte bien au contexte de nouveaux clients à conquérir.

Toutefois, si vous avez décidé d'offrir un premier article à un prix ridiculement bas, efforcez-vous de le justifier. Le moins averti des consommateurs trouvera louche de se voir offrir un article valant habituellement 145 $ pour la modique somme de 19,95 $. Si vous n'arrivez pas à justifier ce prix, le doute l'emportera sur l'envie, et il ne répondra pas. Une offre ne doit pas paraître trop bonne pour être vraie. Pourquoi ne pas lui avouer simplement : « Nous vous faisons ce prix parce que nous savons qu'ensuite vous continuerez à acheter chez nous » ?

Jouez sur les modes de paiement pour faciliter l'achat. La possibilité de payer en versements mensuels échelonnés est très attrayante. De même, en offrant à vos clients potentiels d'utiliser leur carte de crédit, vous leur évitez de faire un chèque tout de suite. Ils n'ont qu'à signer le bon de commande, l'insérer dans l'enveloppe préaffranchie, et vous le retourner sans délai. Le numéro 800 joue la même fonction.

Les cadeaux-surprises servent à susciter un sentiment d'urgence et à provoquer l'action. Il peut s'agir d'une petite prime, que vous faites parvenir à tous ceux qui demandent des renseignements ou que vous donnez à tous ceux qui se présentent à votre établissement avec la lettre. Il peut également s'agir d'une installation gratuite pour ceux qui passeront une commande dans les 10 jours ou d'un article gratuit si deux ou plusieurs sont commandés en même temps.

Le concours publicitaire fera souvent agir ceux qui n'auraient pas bougé autrement. Le sweepstake en est un bon exemple. Toutefois, les noms recueillis par ce moyen ne sont peut-être pas aussi valables. Ne vous dépêchez pas d'envoyer vos représentants chez tous ceux qui se seraient inscrits à votre tirage gratuit !

La garantie, quant à elle, sert à sécuriser le client potentiel et à lui communiquer le message qu'il ne risque rien. Vous pouvez promettre un remboursement intégral si le produit n'est pas à la hauteur de ses attentes ou même offrir une extension de la garantie habituelle si l'achat est fait dans un délai déterminé.

Rien ne vous empêche de cocher plus d'une case dans cette section. La seule chose qui importe est que vos choix tiennent compte du profil type de votre client tel que vous l'avez défini plus tôt. Autrement, vous perdez votre temps.

4. Le test des trois questions

Quand tout cela est fait, vous devez vous assurer que vous ne vous êtes pas éloigné de votre objectif initial. Vous allez donc répondre aux trois questions que nous avons déjà mentionnées ci-dessus.

5. Sommaire

Vous devez maintenant être en mesure de résumer en quelques lignes quelle sera votre offre et à quels clients elle sera faite. Plus tard, quand vous aurez réalisé votre publipostage ou votre infomercial, demandez à quelqu'un de vous résumer en quelques mots ce qu'il en a retenu. C'est en comparant sa réponse à votre sommaire que vous pourrez déterminer si le produit final correspond aux objectifs que vous vous étiez fixés au départ.

LE CHAPITRE 3 EN UN COUP D'ŒIL

L'offre

C'est la première étape vers l'intention, que je peux faire grâce au marketing direct.

L'intention

C'est l'objectif ultime de la campagne de marketing. Mais elle n'est pas nécessairement vendable comme telle aux clients potentiels.

Les 2 pôles de développement

Les deux pôles de développement d'une stratégie gagnante de marketing direct sont le produit et le client. Selon la nature de mon produit et le profil de mon client, l'écart sera plus ou moins grand entre mon intention et mon offre.

Les 4 outils de développement de l'offre :

- la conversion du produit en avantages ;
- l'établissement d'un profil type de la clientèle ;
- le développement de votre intention ;
- l'utilisation de la table de l'offre.

Les 3 caractéristiques d'une offre valable :

- Elle est vendable par marketing direct.
- Elle constitue une étape logique vers l'intention.
- Elle procure une motivation susceptible de provoquer l'action.

Les 6 façons d'enrichir une offre :

- Jouer sur les prix.
- Jouer sur le paiement.
- Offrir une prime.
- Organiser un concours.
- Jouer sur la garantie.
- Autre moyen (précisez) _____ .

4

Les listes

LES ÉTATS FINANCIERS DE MONSIEUR BEAUSOLEIL

Monsieur Beausoleil affichait un sourire radieux de satisfaction à mesure que Lafleur, son comptable, lui présentait les résultats du dernier exercice financier de sa librairie. Les bénéfices marquaient une nette progression par rapport aux dernières années. Sa curiosité piquée au vif, le comptable voulut en savoir plus :

« Mais enfin, pouvez-vous me dire comment vous avez réussi cet exploit ?

– Je n'ai rien fait de particulier.

– Vous ne pouvez pas doubler vos bénéfices d'exploitation sans avoir modifié votre façon de gérer votre entreprise ! Allez, dites-moi votre secret. Ça va rester entre nous.

– Vous promettez de ne pas le répéter ?

– Bien sûr.

– Eh bien... j'ai vendu davantage à chaque client et j'ai gagné de nouveaux clients.

– Rien que ça ! Mais comment ? »

Pour formuler sa réponse à Lafleur, Beausoleil se remémora les changements qui étaient intervenus dans son entreprise au cours des 14 derniers mois. Depuis des années, il avait l'habitude d'annoncer des réductions de prix dès que ses ventes ralentissaient. Il utilisait le journal local ou faisait distribuer des coupons dans tout le voisinage, et les ventes reprenaient peu à peu. Mais le problème avec cette façon de faire, c'est que même les clients qui revenaient régulièrement sans avoir besoin d'incitation en bénéficiaient aussi, diminuant ainsi sa marge bénéficiaire. C'était une solution de pis-aller pour éviter que les ventes piquent du nez.

Instinct de survie aidant, il se décida enfin, il y a quelques mois, à innover. Il créa un « club privilège » et segmenta sa clientèle en trois groupes distincts : les nouveaux, les réguliers et les inactifs.

Dès leur adhésion, les nouveaux clients reçurent par la poste un envoi qui leur présentait les services de la librairie et les membres du personnel. On leur indiqua en outre comment faire pour commander un titre qui n'était pas en stock, pour réserver un livre, ou encore pour formuler une plainte éventuelle. L'envoi de bienvenue confirma en quelque sorte à ces nouveaux clients qu'ils faisaient à présent partie d'une grande famille.

Les clients réguliers, quant à eux, furent personnellement invités aux lancements, ne versèrent aucun acompte pour commander un livre et reçurent, six fois par année, une liste des best-sellers courants et des parutions à venir.

Enfin, on envoya aux inactifs, après quatre mois sans achat, une lettre dans laquelle on s'inquiétait de leur absence et où on les priait de remplir un questionnaire de satisfaction. En guise de remerciements, ils reçurent un bon leur octroyant une réduction de 25 % sur leur prochain achat. En règle générale, cela suffit à en « réactiver » un grand nombre !

Cette segmentation lui permettant de mieux cibler ses clients, monsieur Beausoleil réussit donc à améliorer sa marge bénéficiaire et l'indice de satisfaction de l'ensemble de sa clientèle.

Il regarda son comptable droit dans les yeux : « Vous voulez vraiment savoir comment ? Eh bien, je traite mes clients en fonction de leurs besoins tout en leur faisant savoir qu'ils me tiennent à cœur ! »

LES DEUX CATÉGORIES DE LISTES

Monsieur Beausoleil a trouvé le secret du succès dans son domaine. Il a segmenté sa clientèle et a établi, de manière plutôt empirique, des listes par catégories de clients, ce qui lui a permis de formuler une offre efficace. Forcément, cette démarche de marketing direct a amélioré sa marge bénéficiaire.

C'est quoi, une liste ? C'est un fichier de noms de clients, actuels ou potentiels, qui présentent certaines similitudes et auxquels on peut présenter une offre identique. C'est, mis à part l'offre elle-même, l'outil le plus important d'un plan de campagne de marketing direct. C'est l'outil qui va déterminer si le taux de réponse sera un modeste 2 % ou un 15 % conquérant !

Selon vos objectifs propres, vous aurez à travailler avec deux catégories génériques de noms : la liste de fidélisation et la liste de conquête ou de prospection.

La liste de fidélisation est celle de vos clients actuels, que vous avez enrichie au chapitre précédent et qui permet de faire la bonne offre à la bonne personne. C'est cette liste, segmentée en trois groupes, qu'utilise monsieur Beausoleil ; toutefois, il ne cherche pas activement à conquérir de nouveaux clients. Il se contente de mieux servir ses clients actuels, la conquête étant assurée par le bouche à oreille ou la publicité traditionnelle.

La liste de conquête – ou de prospection – est constituée ou louée en vue de rejoindre des clients potentiels que vous n'avez encore jamais servis. Alors que la liste de fidélisation vise à augmenter les achats de vos clients actuels, la liste de conquête vise à augmenter le nombre de vos clients réguliers. Il en existe de deux types : la liste compilée et la liste-réponse.

Une liste compilée est établie à l'aide des annuaires téléphoniques, des répertoires de corporations professionnelles, des annuaires de chambres de commerce, des bulletins d'inscription à un sweepstake ou de toute autre source secondaire d'information. Elle peut être plus ou moins complète, contenir plus ou moins de champs et permettre ou non des tris pour l'envoi. Voici, à titre d'exemple, les tris possibles à partir des sources mentionnées.

- **Le tri par titre professionnel.** Le vendeur d'un séminaire spécialisé en gestion financière pourrait se servir du répertoire d'une corporation professionnelle et faire parvenir son envoi à tous les membres portant le titre de VP-Finance.

- **Le tri par domaine d'activités.** Le manufacturier d'équipement d'ancrage pourrait utiliser des annuaires téléphoniques ou une liste louée auprès d'une firme spécialisée pour faire élaborer deux envois. L'un serait adressé à tous les quincailliers d'Amérique du Nord, et l'autre, à tous les grossistes distribuant de l'équipement d'ancrage.

- **Le tri par revenu familial.** Le vendeur d'un produit de consommation haut de gamme pourrait faire parvenir son envoi à tous les foyers dont le revenu familial est d'au moins 40 000 $, en se procurant sa liste d'une firme de sondages sur les habitudes des consommateurs. Ces maisons utilisent souvent l'argument : « Aidez-nous à mieux vous servir ! Remplissez le questionnaire ci-joint et courez la chance de gagner un magnifique... »

La liste compilée vous évite d'offrir votre produit ou service à tout le monde. Elle permet de joindre ceux qui sont le plus susceptibles de répondre à votre offre.

La liste-réponse, elle, fait encore mieux. Constituée de noms de personnes qui ont déjà demandé de l'information par la poste, qui ont déjà commandé des produits ou des services par la poste ou par téléphone, ou qui achètent régulièrement par catalogue, elle vous permet d'atteindre des prospects réceptifs ! À condition, bien entendu, que votre envoi corresponde à leurs intérêts particuliers.

LES SOURCES DES LISTES

Vous pouvez déduire de tout ce qui précède que les sources des listes sont nombreuses. Votre principale difficulté consistera en fait à déterminer le profil des clients potentiels que vous souhaitez rejoindre. Si vous ne savez pas qui vous voulez contacter, vos résultats seront médiocres. Si vous arrivez à déterminer qui peut répondre le plus favorablement à votre offre, vous saurez quelle liste chercher. Voici quelques exemples choisis parmi les principales sources qui s'offrent à vous.

1. Les associations sectorielles ou professionnelles

La majorité des associations sectorielles ou professionnelles publient chaque année un répertoire de leurs membres. Vous y trouverez le nom des personnes à contacter, leur titre et le domaine d'activités de chacun. Si vous souhaitez vendre à des professionnels ou à des entreprises, c'est un outil de choix.

Toutefois, vous risquez de faire face à un problème d'ordre pratique. Si vous utilisez un tel répertoire pour préparer votre liste d'envoi, c'est à vous qu'il reviendra de copier toutes ces entrées sur votre micro-ordinateur ou directement sur les enveloppes. Pour un petit envoi, ça va toujours. Mais pour une activité plus importante, contactez l'association et demandez si elle offre un service de location de liste. Si oui, vous obtiendrez les noms sur étiquettes autocollantes ou sur disquettes, ce qui vous épargnera temps et argent.

2. Les chambres de commerce

Les chambres de commerce publient également, chaque année, la liste de leurs membres actifs. Si vous vendez principalement aux entreprises, mettez la main sur de telles listes. Elles vous permettront d'effectuer un tri par domaine d'activités et d'adresser votre envoi directement au propriétaire ou au dirigeant de l'entreprise.

3. Les colloques ou expositions

Si plusieurs organisations de colloques ou d'expositions demandent aux visiteurs de s'inscrire à l'entrée, c'est que souvent la liste des visiteurs sera distribuée aux exposants à la fin de l'événement. Si vous n'êtes pas vous-même exposant, vous pouvez toujours contacter ces organisations et mentionner votre intérêt pour la liste des visiteurs ou la liste des exposants de l'événement. Certaines organisations la louent, d'autres la réservent exclusivement aux exposants.

4. Les autres fournisseurs

Avez-vous pensé aux autres fournisseurs qui œuvrent dans votre secteur mais qui ne sont pas des concurrents directs? Par exemple, si vous êtes dans le domaine du mobilier de salon et qu'un autre fournisseur est dans le domaine du mobilier de cuisine, rien ne vous empêche de partager l'information qui permettra à chacun d'aller chercher de nouveaux clients.

5. Les annuaires téléphoniques

Supposons que vous avez mis au point un nouveau logiciel qui permettra à tous les cabinets d'avocats de simplifier la tenue des feuilles de temps et de réduire de moitié les frais de gestion des dossiers clients. Comment allez-vous contacter tous les avocats du pays pour leur offrir votre produit ? La façon la plus simple est de compiler tous les annuaires téléphoniques du pays et de recopier l'information qu'on y trouve sous la rubrique « Avocats ». Mais cela prendrait des mois, pensez-vous. Détrompez-vous ! Un CD-ROM contenant tous les annuaires téléphoniques canadiens est offert depuis quelques mois dans les boutiques d'informatique. Vous pouvez effectuer des tris et imprimer directement vos étiquettes à partir de votre micro-ordinateur. Si vous exportez, ou prévoyez le faire, de tels CD-ROM pour les États-Unis sont également sur le marché et, très bientôt, seront accessibles directement sur Internet.

6. Welcome Wagon

Si votre marché est régional et que la liste des nouveaux arrivants vous intéresse, vous pourriez devenir membre de « Welcome Wagon ». Vous seriez ainsi tenu au courant de l'arrivée de nouveaux habitants et pourriez être le premier à leur offrir vos services.

7. Les maisons spécialisées

Ces firmes louent des listes et effectuent également les tris pour vous. Ces spécialistes ont souvent accès à des listes fraîches, c'est-à-dire des noms de personnes qui viennent tout juste de manifester leur intérêt pour un produit ou un service semblable au vôtre. Vous pourrez aussi louer la liste des abonnés de publications qui s'adressent directement à votre clientèle cible.

LES RÈGLES À RESPECTER AU MOMENT DE LA LOCATION D'UNE LISTE

Il y a deux façons de louer une liste de clients potentiels. La première, c'est de bénéficier des services de publipostage d'une association. La Chambre de commerce du Montréal métropolitain offre, par exemple, un service d'envoi postal appelé « D'un membre à l'autre ». Vous faites parvenir votre envoi à la chambre, et elle se charge du tri et de l'expédition.

Vous pouvez également louer une liste de noms. À ce moment-là, vous décidez du format et du support – disquette, ruban magnétique, étiquettes –, et le représentant de la maison de location agit comme votre conseiller en sélection. Pour qu'il puisse jouer son rôle le mieux possible, vous devrez cependant suivre certaines règles.

- **Vous devrez avoir ciblé votre clientèle.** Il ne sert à rien de contacter un conseiller en location de listes si votre projet est imprécis, si vous n'avez aucune idée de votre offre ou si vous n'avez pas dressé le profil de votre client cible. Vous lui ferez perdre son temps, et il sera moins enclin à se libérer pour vous une prochaine fois.

- **Vous devrez partager l'information.** Dans le milieu des affaires, certains hésitent à donner de l'information de peur de se faire voler l'idée du siècle. C'est une attitude incorrecte. Si vous ne lui présentez pas votre entreprise, votre vision d'avenir et votre perception de votre clientèle cible, le conseiller ne pourra pas vous aider. Il risque de vous louer n'importe quelle liste, histoire de ne pas perdre une vente.

- **Vous devrez présenter votre projet.** Les vendeurs de listes font affaire avec des fournisseurs qui ne sont pas chauds à l'idée de voir un concurrent direct emprunter leur liste et solliciter leur propre clientèle. De ce fait, certaines clauses restrictives de non-compétition sont en vigueur entre les fournisseurs de listes et la maison qui vous les loue. Attendez-vous à devoir présenter votre projet.

Une autre raison professionnelle justifie également que l'on vous demande de montrer votre envoi avant de vous donner accès à la liste que vous convoitez. Ces noms sont loués souvent, et une mauvaise utilisation, par exemple un publipostage inacceptable, peut transformer de bons clients potentiels en clients perdus pour tout le monde. En s'assurant que votre envoi respecte certains critères, votre conseiller protège en fait toute l'industrie.

- **Vous devrez rester ouvert aux suggestions.** Votre conseiller en a vu d'autres. Il connaît les trucs du métier et sait ce qui déclenche le processus de l'acte d'achat dans votre environnement propre. Votre succès, c'est son succès puisque, si votre publipostage est rentable, vous ferez encore affaire avec lui. Alors plutôt que de le considérer comme un fournisseur, dites-vous que c'est un partenaire et traitez-le comme tel.

- **Vous devrez vous engager à n'utiliser la liste qu'une seule fois.** Ce n'est pas une vente, mais bien une location de noms que vous fait le conseiller. Ne jouez pas au plus fin. Des adresses témoins sont insérées dans la liste qu'on vous fournit et celui qui vous la loue peut savoir immédiatement combien de fois vous l'avez utilisée. Employer une liste de manière détournée constitue un sérieux bris de contrat et met un terme au lien de confiance que vous devriez entretenir avec votre conseiller.

LES CRITÈRES D'ÉVALUATION D'UNE LISTE DE CONQUÊTE

Comment évalue-t-on une liste de noms ? Comment fait-on pour choisir entre deux listes qui regroupent toutes les deux des clients considérés comme potentiels ? Les spécialistes se basent sur trois critères : la récence, la fréquence et l'achat moyen (RFM – *Recency, Frequency, Monetary*).

La récence est le temps moyen qui s'est écoulé depuis le dernier achat. « Récent » veut dire généralement six mois et moins. Le nom d'un client potentiel qui a fait un achat par correspondance il y a trois ans vaut moins cher que celui d'un client qui a acheté il y a trois mois. Un autre avantage non négligeable : la récence des activités d'une liste d'acheteurs réduira le nombre de mauvaises adresses inhérentes à tous les envois.

La fréquence est le nombre moyen d'achats. Plus un client répond aux offres de marketing direct, plus il sera enclin à acheter de nouveau par correspondance. Un acheteur fréquent est une mine d'or pour celui qui lance une offre.

L'achat moyen représente le montant qu'un client dépense habituellement pour un achat par correspondance. Nous avons tendance à répéter nos actes. De ce fait, il est plus sûr de cibler avec une offre de 50 $ quelqu'un qui achète généralement pour ce montant que de lui offrir un produit à 150 $. À tout le moins, donnez-lui la possibilité de payer en trois versements égaux.

En définitive, plus vous demandez de tris, plus le traitement de votre commande coûte cher. Toutefois, votre envoi sera mieux ciblé et vous rapportera davantage.

LES TRAITEMENTS À FAIRE SUBIR À UNE LISTE DE CONQUÊTE

Une fois en possession de ces milliers de noms, vous devrez faire subir deux traitements à votre liste pour la rendre utilisable. Vous devrez d'abord uniformiser celle-ci, puis effectuer une fusion et une purge. Voici de quoi il s'agit.

Vous ne souhaitez pas expédier des lettres qui commencent par : « Cher atelier de mécanique ABC limitée, je vous écris aujourd'hui au sujet de vos enfants... » Vous ne souhaitez pas non plus prendre Gérard pour une femme ou Sylvie pour un homme. Vous feriez rire de vous et vous perdriez votre crédibilité si vous inversiez les noms et fonctions de ceux à qui vous écrivez. Vous devez donc, dans un premier temps, uniformiser la présentation de vos lettres.

Prenez l'habitude, quand vous faites des entrées dans votre base de données, de positionner toujours chaque champ à la même place. Si un individu n'a pas, par exemple, de titre dans une compagnie, n'utilisez pas cet espace pour commencer à écrire son adresse. Une bonne partie de vos succès dépendra plus tard de votre capacité à personnaliser les envois. Or, un fichier qui n'est pas uniforme ne peut pas servir au moment d'envois personnalisés.

Soyez intransigeant en ce qui concerne l'entrée des données dans votre fichier-clients. Le traitement de chaque champ doit suivre des règles très strictes. Par exemple, les noms doivent être toujours écrits de la même façon, comme le seront également les adresses. Si vous n'implantez pas cette discipline élémentaire, vous aurez à purger votre fichier avant qu'il devienne carrément contre-productif.

L'opération de purge vous évitera le risque de faire parvenir trois envois à la même personne. Imaginez la tête de quelqu'un qui reçoit plusieurs copies d'une même lettre commençant par : « Vous avez été spécialement choisi... » Quelle crédibilité la lettre aura-t-elle quand le prospect se fera dire pour la troisième fois qu'il a été spécialement choisi ? L'offre perdra toute son efficacité, et vous aurez payé trois fois le coût de l'envoi pour rien. Purger un fichier consiste essentiellement à le débarrasser des entrées doubles.

Si vous louez plusieurs fichiers pour un même envoi, il est possible que les mêmes noms se retrouvent sur plus d'un fichier. Pour éviter les envois doubles ou triples, fusionnez d'abord tous les noms sur un même fichier, puis effectuez une purge avant de procéder à l'envoi. Ainsi, vous améliorerez l'efficacité globale de votre envoi, tout en limitant les frais postaux.

POURQUOI TESTER UNE LISTE ?

Toute liste de noms, quelle qu'en soit la provenance, devrait être testée avant d'être utilisée sur une grande échelle. Nous reviendrons sur ces tests dans le chapitre 13. Soulignons pour l'instant la nécessité évidente d'investir dans les véhicules qui rapporteront le plus.

Plutôt que d'investir massivement dans la location de 100 000 noms, louez 5 000 noms de trois ou quatre listes différentes et utilisez par la suite la liste qui aura connu le meilleur taux de réponse. Votre objectif n'est pas de faire des envois, mais des ventes.

D'UNE LISTE À L'AUTRE

Une liste louée doit être utilisée une seule fois, avons-nous dit. Mais dès qu'un client réagit à votre campagne de marketing direct, que ce soit en passant une commande ou en demandant de l'information, il devient votre client. Vous pouvez aussitôt transférer ses coordonnées sur votre liste de fidélisation. En réalité, c'est là le but ultime pour lequel vous louez ou compilez des listes de clients potentiels : les faire passer d'une liste de conquête à votre liste de fidélisation.

Cette liste de fidélisation doit être vivante. Faites des mises à jour régulières. Si un client essaie une nouvelle gamme de produits, indiquez-le. Ayez toujours à portée de la main ses achats moyens, la date de son dernier achat, et demandez à vos représentants ou à vos vendeurs de transmettre tous les renseignements susceptibles d'améliorer l'impact de vos prochaines offres.

Un nom sur une liste de fidélisation vaut une fortune. Entretenez cette liste et faites en sorte qu'elle grandisse tant en nombre qu'en qualité. Elle représente votre actif.

LE CHAPITRE 4 EN UN COUP D'ŒIL

Les deux catégories de listes :
- La liste de fidélisation
- La liste de conquête
  - La liste compilée
  - La liste-réponse

Les sources des listes :
- les associations sectorielles et professionnelles ;
- les chambres de commerce ;
- les colloques ou expositions ;
- les autres fournisseurs ;
- les annuaires téléphoniques ;
- Welcome Wagon ;
- les maisons spécialisées.

Les règles à respecter au moment de la location d'une liste :
- Vous devez avoir ciblé votre clientèle.
- Vous devrez partager votre information.
- Vous devrez présenter votre projet.
- Vous devrez rester ouvert aux suggestions.
- Vous devrez vous engager à n'utiliser la liste qu'une seule fois.

Les critères d'évaluation d'une liste de conquête :
- la récence ;
- la fréquence ;
- l'achat moyen.

Les traitements à faire subir à une liste de conquête :
- l'uniformisation ;
- la fusion ;
- la purge ;
- un test avant de lancer une campagne massive.

Le but ultime d'une location de liste de conquête :
Le but ultime de la location d'une liste de conquête, c'est de faire passer les clients qui y figurent sur votre liste de fidélisation. Pour ce faire, il faut réussir à provoquer l'achat ou la demande de renseignement.

LA DEUXIÈME PARTIE EN ACTION !

1. Décrivez, en quatre lignes, le profil de votre client.

    _____

    _____

    _____

    _____

2. Citez neuf avantages du produit ou du service que vous offrez.

    1. _____

    2. _____

    3. _____

    4. _____

    5. _____

    6. _____

    7. _____

    8. _____

    9. _____

3. Si vous ne l'avez pas encore fait, rendez-vous au chapitre 3 et remplissez la table de l'offre.

4. Quelle catégorie de listes souhaiteriez-vous utiliser en premier ?

    _____

    • Pourquoi ?

    _____

    _____

5. Quelle source de liste avez-vous déterminée comme votre premier choix ?

    _____

    • Quelle est la raison de ce choix ?

    _____

    _____

6. Avez-vous commencé à enrichir votre fichier-clients ?

   ○ oui   ○ non

   Si oui, quels champs avez-vous décidé d'y ajouter ?

   _____

   _____

L'IMPRIMÉ

L'imprimé constitue le média le plus utilisé en marketing direct. Nous lui dédions la totalité de cette troisième partie. Mais, toutes affaires cessantes, débarrassez-vous de l'image que vous vous faites des publicités ineptes et non ciblées qui encombrent votre boîte aux lettres tous les jours. Nous parlons ici de promotions conçues et exécutées professionnellement, de celles qui sont ciblées et qui présentent efficacement une offre à des clients potentiels bien choisis.

Le chapitre 5 traitera de la présentation de l'offre. Vous avez beau avoir conçu la meilleure offre possible, si vous ne captez pas l'attention de votre clientèle cible ou si vous ne suscitez pas l'action immédiate, votre investissement devient une dépense.

Nous discuterons dans le chapitre 6 du contenu de votre envoi. Pourquoi y a-t-il tant de pièces dans les enveloppes que vous recevez? Sont-elles toutes importantes? Quels sont les facteurs qui feront de votre envoi un argument de vente convaincant?

Le chapitre 7 sera plus technique. Il traitera de design et de production. Il fera la distinction entre le bel envoi et l'envoi efficace, entre un travail de vente et le délire d'un graphiste. Il vous mettra également en garde contre les erreurs les plus fréquentes.

Finalement, nous consacrerons le chapitre 8 aux autres utilisations de l'imprimé. L'insertion accompagnant l'état de compte mensuel, le publireportage, le coupon et les autres variantes qui, sans être toujours ciblées, n'en poursuivent pas moins l'objectif de susciter l'action.

Notre exposé du médium imprimé peut tout aussi bien s'appliquer à une liste de conquête qu'à une liste de fidélisation. L'objectif que nous poursuivons est de fidéliser vos clients actifs et de convertir en clients actifs vos clients potentiels.

5

Le processus de présentation de l'offre

LA PISCINE DE SYLVIE

La canicule de juillet semblait s'éterniser, ce qui n'était pas pour déplaire à Piscines Ducoin. C'était d'autant plus heureux qu'on avait expédié, juste une semaine plus tôt, un publipostage à tous ceux qui étaient passés dans la salle d'exposition au cours des derniers mois sans rien acheter. Kevin ne pouvait demander mieux : une offre garantie d'installation gratuite d'une piscine hors terre dans les 24 heures jumelée à une canicule écrasante. On était seulement jeudi, et il avait déjà fait sa meilleure semaine de l'année.

Une cliente qu'il connaissait fit son entrée dans l'établissement. Kevin lui avait vendu une piscine deux semaines plus tôt et assez de chlore pour passer tout l'été. De quoi avait-elle besoin aujourd'hui ? Peut-être d'un aspirateur-robot ? Il s'approcha en souriant :

« Quelle chaleur étouffante ! Que faites-vous hors de votre piscine ? »

Sylvie ne rit pas. En fait, elle ne sourit même pas. Elle regarda Kevin fixement et lui montra ce qu'elle tenait dans la main.

« Je suis venue me faire rembourser. Et puis non, laissez-moi reformuler : J'exige d'être remboursée !

– Pardon ?

– Je viens de recevoir une lettre qui explique à quel point vous aimeriez faire affaire avec moi et qui m'assure que l'installation sera gratuite pour moi. Or, vous m'avez facturé 766 $ pour l'installation de ma piscine il n'y a pas 10 jours. J'exige d'être remboursée ! »

En une fraction de seconde, Kevin comprit toute l'ampleur de l'erreur. Le publipostage avait été expédié à tous les clients qui étaient passés par la salle d'exposition sans acheter, mais on avait oublié de rayer le nom de ceux qui étaient revenus acheter par la suite. Il se demanda combien d'autres clients furieux viendraient ainsi réclamer un remboursement cette semaine... Mais ce n'était pas le temps de rêvasser ; la cliente le dévisageait fixement.

– « Oh ! Il y a sûrement une erreur. Vous ne deviez pas recevoir cette offre. Excusez-nous.

– Quoi ? Je ne suis pas une cliente que vous appréciez servir ?

– Ce n'est pas ce que j'ai voulu dire. Vous avez acheté votre piscine en juin, et cette promotion ne s'applique qu'aux achats effectués en juillet. Vous n'êtes donc pas admissible. Il y a eu une erreur d'expédition. »

Sylvie lui tendit l'envoi.

« C'est ce que je me disais. Mais vérifiez vous-même. Nulle part, on ne fait mention d'une date quelconque. Vous n'avez pas le choix si vous souhaitez me revoir ici un jour ! »

Kevin jeta un coup d'œil sur la lettre et le dépliant qui l'accompagnait. Effectivement, il n'y avait ni date ni condition...

« Si vous voulez bien m'attendre quelques instants, je vais consulter le gérant et je vous reviens. Cela dépasse mes compétences.

– Je vous attends. »

Moins d'une heure plus tard, Sylvie avait retrouvé le sourire. Elle quitta l'établissement avec en poche un chèque de 380 $. Ils s'étaient entendus pour couper la poire en deux. Kevin la regarda partir et, alors qu'elle prenait place dans sa voiture, il aperçut monsieur Lafleur, un comptable à qui il avait vendu une autre de ces piscines à la Saint-Jean, s'avancer vers la porte, avec le même publipostage à la main. Et dire qu'on n'était que jeudi ! La fin de semaine arriverait-elle un jour ? Il se força à grimacer un sourire et se dirigea vers M. Lafleur :

« Quelle chaleur étouffante ! Que faites-vous hors de votre piscine ? »

LA PRÉSENTATION DE L'OFFRE

L'aventure que vient de vivre notre vendeur de piscines est un avertissement. Peu importent la qualité de votre offre et l'efficacité de sa présentation, le choix de la personne à qui vous vous adressez est primordial. L'efficacité d'une campagne de marketing n'est pas fonction du choix des éléments pris individuellement, mais de la cohésion de l'ensemble de votre projet et de l'interaction des composantes.

La présentation de l'offre se déploie en quatre étapes, comme l'illustre la figure 5.1.

1. Attirer l'attention

La personne qui ouvre votre publipostage n'a pas que votre envoi à lire. Vous avez de la concurrence dans la

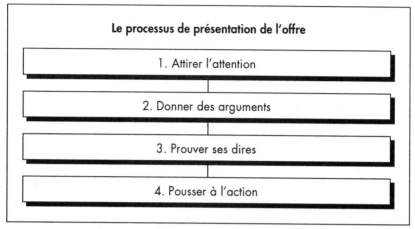

Figure 5.1 Le processus de présentation de l'offre

boîte aux lettres : des factures, des chèques, de la publicité traditionnelle, mais aussi d'autres publipostages. Si
vous n'arrivez pas à attirer l'attention de votre client
potentiel dans les premières secondes, il jettera votre
envoi au panier et reprendra la lecture de son courrier.

Quand vient le temps de présenter l'offre, beaucoup commettent l'erreur de confondre avantages et
arguments. Prenons à titre d'exemple une situation très
simple : une adolescente veut annoncer ses services de
gardiennage dans son quartier pour se faire un peu
d'argent de poche. Elle dresse la liste de ses arguments
de vente, que voici :

1. J'aime les enfants.

2. Les enfants m'aiment.

3. Je suis fiable.

4. J'ai suivi le cours «gardien averti».

5. Je connais les premiers soins.

6. Je suis ponctuelle.

7. Mes tarifs sont compétitifs.

9. J'habite votre quartier.

Consultez cette liste pour dire lequel de ces arguments notre petite gardienne devrait utiliser pour attirer l'attention de ses clients potentiels. Y êtes-vous ?

La bonne réponse est : aucun ! On ne se sert pas d'arguments de vente pour attirer l'attention. La raison est évidente : si vous souhaitez attirer l'attention, ce n'est pas sur le produit que vous devez vous concentrer, mais sur le client. En vous concentrant sur le produit ou sur le service, vous vous servez du mauvais pôle de développement.

Pour attirer l'attention, la jeune fille doit se mettre à la place des clients et se demander en quoi ce qu'elle offre peut répondre à un besoin. Quel est le principal bénéfice que retirera un client potentiel s'il fait appel à ses services ?

Pour y répondre, elle cherchera à savoir pourquoi les gens retiennent les services d'une gardienne. Est-ce pour pouvoir travailler ? Est-ce pour faire une sortie à deux loin des enfants ? Sa petite enquête terminée, elle retiendra peut-être le titre : *Une soirée à deux, ça vous plairait ?* Cet en-tête ne fait référence à aucun des neuf arguments de la liste. Il est plutôt basé sur un bénéfice du client, ce qui ne manquera pas d'attirer son attention. Son intérêt éveillé, il sera prêt à prendre connaissance des arguments de vente. L'intérêt puise sa source dans le client, et non dans le produit ou le service.

Si vous souhaitez attirer l'attention de vos clients potentiels, mettez-vous à leur place et oubliez vos arguments de vente. Demandez-vous ce qui les poussera à accepter votre offre, quel facteur de motivation aura raison de leur résistance naturelle.

Vous trouverez dans le tableau 5.1 des exemples de facteurs de motivation et la façon dont ils peuvent être utilisés. Cette liste n'est pas exhaustive. Trouvez le facteur qui attirera l'attention et énoncez-le en tenant compte du point de vue de votre client potentiel.

Facteurs de motivation	Utilisations possibles
L'argent	« Que diriez-vous d'économiser 20 % sur... » « Pour un temps limité, nous vous l'offrons à... »
Le statut social	« Imaginez vos voisins quand... » « Le posséder, aujourd'hui, c'est un signe de bon goût... »
La peur	« Si vous ne l'avez pas, vous pourriez avoir des problèmes... » « Ne courez pas le risque d'ignorer ce qui suit... »
La culpabilité	« Ces gens n'ont pas la chance d'avoir votre santé... »
La vanité	« Nous savons que les gens comme vous savent reconnaître une aubaine... » « Vous avez été spécialement choisi... »
L'amour	« Si vous aimez vos enfants... » « Imaginez le sourire de vos enfants quand... »
Le confort	« Vous méritez bien... » « Gâtez-vous un peu... »
La santé	« Vous souhaitez rester en santé ? » « Que diriez-vous de retrouver votre santé d'antan ? » « Dites enfin adieu à ces rides et profitez de la vie... »
La sécurité	« Les entrées par effraction ont augmenté de 16 % dans votre quartier l'an dernier... »
Le plaisir de posséder	« Imaginez-vous au volant de votre nouvelle... » « Tant qu'à choisir, prenez ce qu'il y a de mieux. »

Tableau 5.1 Les facteurs de motivation

Revenons à notre gardienne. Elle a choisi d'utiliser les motivateurs confort, amour et culpabilité pour attirer l'attention de ses clients potentiels et présenter ses services. La première partie de sa lettre se lit comme suit :

Que diriez-vous d'une soirée à deux ?

Ce n'est pas toujours facile de faire face aux exigences de la vie moderne. Vous auriez bien envie, de temps à autre, de vous offrir une petite sortie à deux, histoire de vous retrouver et de bavarder dans le calme.

Choisirez-vous un bon film ? Un restaurant ? Un spectacle ? Ou même, pourquoi pas, une soirée au cinéma suivie d'un souper au restaurant ? Ce n'est pas le choix qui manque !

Cependant, de là à confier vos enfants à n'importe qui, il y a un énorme pas que vous n'êtes pas prêts à franchir. C'est pourquoi je me permets, aujourd'hui, de vous offrir mes services de gardiennage.

Cette gardienne n'a pas encore présenté ses arguments de vente. Pourtant, le lecteur ou la lectrice se voit déjà au restaurant ou au cinéma avec son conjoint, certain que les enfants sont bien traités. Nous n'en sommes qu'au troisième paragraphe de la lettre, mais la soirée de détente a déjà commencé.

Quand vous aurez trouvé le bon facteur de motivation et déterminé comment il peut être utilisé du point de vue du client, vous aurez plus de chance de le voir continuer la lecture de votre envoi. C'est à ce moment-là que vous présenterez vos arguments de vente. Si vous ne retenez qu'une chose de cette section, que ce soit celle-ci: pour réussir à attirer l'attention du client, mettez-vous à sa place et demandez-vous à quel facteur de motivation correspond votre offre.

2. Donner des arguments

Vous en êtes à présent au déploiement de vos arguments. C'est l'étape intermédiaire, celle qui permet au client potentiel de rationaliser les motifs qu'il a de se prévaloir de votre offre. Si vous manquez votre présentation, vous aurez réveillé chez lui un besoin, mais il se tournera probablement ailleurs pour le satisfaire.

Présentez vos arguments en faisant le lien entre les caractéristiques de votre offre et les bénéfices qu'en retirera le client. Par exemple, la gardienne ne se contentera pas de dire qu'elle habite le quartier, mais soulignera le fait que les gens n'auront pas la corvée de la ramener chez elle au retour de leur sortie. En annonçant qu'elle a suivi un cours de gardiennage, elle expliquera que les enfants qui lui seront confiés mangeront une nourriture équilibrée.

Même si ça vous semble évident, ne perdez pas de vue ce que vous tentez de vendre. Si c'est le produit, mentionnez-en tous les avantages et les bénéfices. Toutefois, s'il y a un gros écart entre votre intention et votre offre, vendez l'offre. Ne brûlez pas tous vos arguments de vente en même temps !

Revenons au publipostage du concessionnaire d'automobiles. Ce qu'il veut vendre, c'est un essai routier et non une voiture. Ses arguments devront porter sur l'essai. Il peut toujours inclure un dépliant présentant la voiture, mais s'il se met dans la tête de vendre à la fois la voiture et l'essai routier, son envoi perdra de son efficacité. Vous ne devez faire qu'une offre par envoi. Autrement, vous y perdrez en clarté et vous n'arriverez pas à déclencher l'achat. Cette offre est une proposition d'affaires. Ne tentez pas de vendre autre chose que cette proposition.

3. Prouver ses dires

La publicité, de par sa nature, est biaisée. Les destinataires de votre publipostage ne croient pas automatiquement tout ce que vous leur dites. Ils voient dans leur journal, semaine après semaine, des entreprises condamnées pour fausse représentation ou pour publicité trompeuse. Pourquoi vous croiraient-ils sur parole ? Après tout, si on a cru bon de promulguer la Loi sur la protection du consommateur, c'est qu'il y avait de l'abus quelque part.

Cette tendance, chez les clients potentiels, à prendre avec un grain de sel tout ce qui leur est présenté est tout à fait naturelle et ne représente pas un handicap.

Vous devez, au contraire, vous en servir, et de deux façons : en prévoyant les objections et en établissant votre crédibilité. Dans les deux cas, cherchez à prouver vos dires.

- **Prévoir les objections.**

  J'ai reçu récemment un publipostage d'une entreprise américaine qui offrait ses services de liquidateur d'inventaire. Ce sont des gens qui arrivent chez vous, repèrent vos inventaires excédentaires et vous en débarrassent en quelques semaines. En tant que lecteur, je me suis demandé s'ils y arrivaient vraiment.

  Mais ils avaient prévu mon objection ! Dans le même envoi figurait la lettre de témoignage d'un marchand canadien satisfait qui affirmait que, grâce à cette entreprise, il avait réduit son inventaire, fait de la place à de nouveaux produits et attiré une nouvelle clientèle. Si j'avais été dans la situation de ce marchand, je me serais identifié à lui et j'aurais accepté cette offre d'examen gratuit de mes inventaires.

  Le témoignage est l'outil le plus efficace pour confirmer vos dires. Surtout si vous êtes en mesure d'aller chercher un témoignage d'un client dont le profil ressemble à celui de vos clients potentiels. Ils s'identifieront à lui et accepteront plus facilement vos arguments.

- **Établir votre crédibilité.**

  Plusieurs méthodes sont à votre disposition. Si vous comptez dans votre clientèle des compagnies nationales, mentionnez-les dans votre dépliant, bien sûr avec leur permission. Si votre produit a reçu un sceau d'approbation d'une maison d'évaluation, indiquez-le. Si vous vendez un livre et qu'un critique a été particulièrement positif, citez-le. Si vous avez reçu un prix de votre chambre de commerce ou si vous êtes membre d'une association sectorielle reconnue, votre papier à en-tête devrait le mentionner. Si votre entreprise entre dans sa vingtième année, tirez-en parti. Utilisez tout ce qui est en mesure de prouver que vous serez encore là demain pour assurer la satisfaction de votre client potentiel.

4. Pousser à l'action

Enfin, quand vous aurez attiré l'attention, présenté vos arguments et prouvé vos dires, il vous restera encore à provoquer l'action. Le client qui ouvre un publipostage s'attend à y trouver une offre. C'est souvent la deuxième chose qu'il lira après l'en-tête de votre lettre de présentation. Si votre offre est difficile à trouver ou si elle est incompréhensible, il jettera l'envoi au panier et passera à autre chose.

Votre offre doit être facile à comprendre et si elle a pour but de provoquer l'achat, elle doit présenter toutes les conditions d'un contrat normal : produit, prix, garantie, etc. N'hésitez pas à vous répéter. Présentez l'offre dans les termes les plus simples possible, mais utilisez des mots qui poussent à l'action. Le lecteur qui n'a pas lu tous les éléments de votre envoi devrait être en mesure de comprendre votre offre par la simple lecture de cette présentation.

En outre, simplifiez autant que possible la décision d'agir. Si vous souhaitez que le client passe sa commande par téléphone, c'est le temps de fournir un numéro 800. Si vous voulez qu'il envoie sans délai sa commande par la poste, procurez-lui une enveloppe préaffranchie.

Si votre offre est limitée dans le temps, si le tirage a lieu le 24 avril ou si vous offrez une prime aux 300 premiers acheteurs, voici le moment de le rappeler. Cette section doit viser à créer un sentiment d'urgence. Notre jeune gardienne pourrait par exemple mentionner que, pour assurer le meilleur service possible, elle ne prendra que cinq clients réguliers. Ou encore, que les fins de semaine étant très demandées, il ne faut pas tarder à la contacter.

Finalement, prévenez la peur naturelle de se faire rouler en incluant votre garantie de satisfaction. C'est le moment de promettre un remboursement intégral sur simple réclamation dans les 30 jours suivant l'achat. C'est le moment, le cas échéant, de mentionner qu'aucun représentant ne viendra les relancer. C'est le moment, enfin, de rappeler que le produit est garanti contre les défauts de fabrication pour une durée d'un an.

LES 4 ERREURS LES PLUS FRÉQUENTES DANS LA PRÉSENTATION DE L'OFFRE

Au terme de ce processus, le taux de réponse devrait être excellent, pour peu que l'envoi ait été expédié aux bons clients. Ces quatre étapes sont évidemment très exigeantes, et vous avez intérêt à tester votre travail avant de faire des envois en nombre. Nous traiterons de ces tests dans le chapitre 13. Soulignons pour l'instant les quatre erreurs les plus fréquentes dans la présentation de l'offre.

1. Omettre la commande.

Il est effarant de constater combien de gens d'affaires investissent dans la conception d'un dépliant, dans la rédaction d'une lettre de présentation et dans l'envoi d'un publipostage, mais omettent la commande. Demander une commande serait-il dévalorisant ? Celui qui reçoit votre publipostage s'attend à y trouver une offre. Sinon, pourquoi le lirait-il ?

2. Ne pas commencer autour du pôle client.

Votre lecteur n'a pas que votre envoi dans sa boîte aux lettres. Si vous n'attirez pas son attention en vous concentrant sur lui plutôt que sur le pôle produit, il perdra tout intérêt à vous lire. Suivez l'exemple de notre jeune gardienne. Mettez votre client potentiel en situation de se voir utiliser votre produit ou de bénéficier de vos services. C'est en vous mettant à sa place que vous parviendrez à attirer son attention.

3. Vendre le produit plutôt que l'offre.

Si vous vendez une demande de consultation gratuite ou une participation à un concours, concentrez-vous là-dessus. Plus l'écart est grand entre votre intention et votre offre, plus il sera important de mettre l'accent sur l'offre. Autrement, votre envoi perd de son efficacité.

4. Utiliser un langage inadéquat.

Vous ne rédigez pas un envoi pour vos pairs, mais pour vos clients potentiels. S'ils éprouvent de la difficulté à lire votre texte, ils ne se rendront pas jusqu'au bout. Vos clients potentiels doivent avoir l'impression que vous vous adressez directement à eux. Utilisez leur langage, mais soyez précis. Ne les enterrez pas sous une masse de détails inutiles ; dites-vous que, dans certains domaines, comme l'informatique et la bureautique, les acheteurs exigent d'en connaître le plus possible sur un produit avant de l'acquérir. La façon la plus sûre de vérifier l'efficacité d'un texte est de le tester auprès de clients potentiels.

ÉVALUER VOS CONCURRENTS

N'hésitez pas à comparer vos publipostages à ceux de vos concurrents. Répondez à leur offre, demandez à recevoir leurs dépliants, analysez leurs arguments et les facteurs de motivation qu'ils utilisent le plus fréquemment.

Ces exercices vous pousseront à remettre vos propres pratiques en question, à affiner vos techniques et à faire des tests auxquels vous n'auriez jamais pensé. Après tout, si un concurrent utilise la même offre depuis deux ans, c'est qu'elle lui donne de bons résultats. Pourquoi ne pas tenir compte de ce qui marche bien ?

LE CHAPITRE 5 EN UN COUP D'ŒIL

Le processus de présentation de l'offre :

• Attirer l'attention.

• Donner des arguments.

• Prouver ses dires.

• Pousser à l'action.

Les 4 erreurs les plus fréquentes dans la présentation de l'offre :

• Omettre la commande.

• Ne pas commencer autour du pôle client.

• Vendre le produit plutôt que l'offre.

• Utiliser un langage inadéquat.

CHAPITRE 6

Le contenu de votre envoi

CHARITÉ INC.

Tous les membres du bureau de direction arrivèrent à l'heure. C'était bien normal : la plus grande partie des revenus annuels de l'organisation dépendait des décisions qui seraient prises ce matin. Ils attendirent patiemment que commence cette importante rencontre, discutant par petits groupes de deux ou de trois, sirotant leur café et dégustant leurs beignets au chocolat.

À 9 h pile, le président du bureau de direction fit signe au directeur général de commencer et, dès que les autres le virent se diriger vers le rétroprojecteur et retirer de sa mallette un paquet d'acétates, ils prirent place en silence.

Le directeur général prit la parole :

« Bonjour tout le monde et bienvenue au dévoilement de notre test de publipostage en vue de notre prochaine campagne de financement. Laissez-moi tout d'abord vous rappeler comment le test a été fait. Nous avons conçu deux envois et nous avons fait parvenir 500 exemplaires de chacun à deux groupes statistiquement équivalents (profil, nombre) de donateurs de l'an dernier. Il y a un mois que l'envoi a été fait, et nous avons juste fini de compiler les résultats. C'est ce que nous allons maintenant vous révéler.

– Allez-y ! Nous sommes là pour ça. »

Le directeur général montra du doigt les pochettes posées devant chacun des participants.

« Bon. Vous avez devant vous une copie de chaque envoi. Vous remarquerez que sur le premier, c'est la photo de notre porte-parole qui prend toute la place, tandis que sur l'autre, c'est la photo d'une petite fille triste, visiblement malade. »

Il posa sur le plateau du rétroprojecteur le premier acétate.

« Ce tableau nous montre les résultats des deux envois. Laissez-moi vous dire que la petite fille triste l'emporte haut la main. C'est à se demander si notre porte-parole a été bien choisi. »

Philippe, un des directeurs, s'indigna :

« Si vous pensez que c'est facile d'aller chercher un porte-parole... La prochaine fois, vous le ferez vous-même !

– Ce n'est pas ce que j'ai voulu dire. Mais regardez ce tableau. Il est plutôt éloquent. »

Voici le tableau que les membres du bureau de direction étudièrent longuement.

« Quatre-vingt-cinq donateurs, soit 17 % pour notre porte-parole, 177 donateurs, soit 35,5 % pour la petite fille. Plus du double. Les chiffres sont explicites, vous ne trouvez pas ? »

Pour éviter des échanges disgracieux toujours possibles, le président décida d'intervenir :

Caractéristiques	Envoi « petite fille triste »	Envoi « porte-parole »
Nombre d'exemplaires expédiés	500	500
Enveloppe	Sigle de l'association	Sigle de l'association
Dépliant 4 couleurs	Une petite fille triste	Notre porte-parole
Lettre	Signée par le président	Signée par le porte-parole
Coupon-réponse	Identique à l'an dernier	Visage du porte-parole
Nombre de dons reçus	177	85

Tableau 6.1 Les résultats d'un test de publipostage

« Il est évident que nous allons devoir y aller avec la petite fille triste.

– Mais il n'en est pas question ! J'ai promis de la visibilité à notre porte-parole, et s'il n'en a pas, il va probablement nous laisser tomber !

– Et si nous rajoutions à l'envoi une lettre personnelle signée de la main de notre porte-parole et présentant sa photo ? Serait-il content ? Nous ne pouvons pas nous passer de lui. Il est censé faire tous les spots télé et radio. »

Ce fut au tour du directeur général de réagir :

« C'est peut-être une bonne idée, mais si elle est acceptée, je suggère que nous procédions à un autre test avant de prendre une décision finale. Le fait d'ajouter ce nouvel élément à notre envoi peut augmenter notre taux de réponse ou, au contraire, le faire plonger à 2 % ou 3 %. Nous ne pouvons pas présumer du résultat. »

Les autres hochaient la tête. La décision allait sans doute être reportée.

L'ENVOI CLASSIQUE

Quoique fictive, cette mise en situation illustre la différence d'efficacité d'une même campagne en fonction de sa présentation. Le simple fait de remplacer un élément par un autre peut effectivement avoir un effet décisif sur le rendement.

Monter un premier envoi postal n'est pas facile, et le nombre de décisions que vous devrez prendre pour y arriver est énorme. Pour vous aider dans la sélection du contenu de votre envoi, nous allons maintenant en étudier 11 composantes possibles :

- l'enveloppe porteuse ;
- la lettre personnalisée ;
- le dépliant ;
- le bon de commande ;
- l'enveloppe-réponse ;
- le « message spécial » ;
- la lettre de témoignage ;
- l'envoi intégré ;
- la carte postale ;
- le certificat de bénéfices ;
- l'élément incitatif.

Toutes ces composantes ne sont pas nécessairement présentes dans un envoi efficace. En fait, l'envoi classique consiste en une enveloppe porteuse, une lettre, un dépliant et un bon de commande. Les variantes sont très nombreuses, et ce sera à vous de retenir la combinaison qui convient à vos besoins.

L'ENVELOPPE PORTEUSE

C'est l'enveloppe d'expédition dans laquelle sont insérées toutes les autres composantes de l'envoi. Elle constitue le premier contact du client potentiel avec votre publipostage. En fonction de ce contact, il décidera s'il ouvre l'enveloppe ou s'il la jette directement à la poubelle. Que faire pour attirer son attention ou, au contraire, pour présenter un profil moins tapageur? Pour y répondre, essayez d'imaginer ce que fait votre client potentiel en sortant votre envoi de sa boîte aux lettres.

Si vous n'utilisez pas une enveloppe format affaires ordinaire, la première chose qu'il voit est votre message extérieur : « Ouvrez vite ! Vous pourriez être un de nos gagnants ! », « Voici la fortune qui frappe à votre porte ! », « Un téléphone cellulaire parfaitement fiable et sécuritaire ! », « Voici la merveille de la science que vous attendiez »... Devez-vous utiliser ce genre de messages? Si vous vendez à des consommateurs ou à de petites entreprises et que le message est suffisamment original pour susciter l'intérêt, faites-le. Assurez-vous toutefois que le client trouvera à l'intérieur ce que vous lui promettez sur l'enveloppe. Autrement, vous le perdrez pour toujours.

Si vous vous adressez à des cadres supérieurs ou à des personnes dont le courrier est trié par une adjointe ou une secrétaire, de tels messages indiqueront que votre enveloppe contient de la publicité, et elle risquera de ne jamais atteindre son destinataire. L'idéal, comme dans toute activité de marketing direct, est de procéder à un test pour vérifier l'efficacité de votre message extérieur.

Le deuxième élément que remarque le destinataire de votre envoi est l'identification de l'expéditeur. S'il s'agit d'un envoi de fidélisation, utilisez vos enveloppes habituelles. Des clients fidélisés sont toujours contents – ou curieux – de recevoir des messages de leurs fournisseurs. S'il s'agit d'un envoi de conquête, vous pouvez utiliser des enveloppes promotionnelles sans nécessairement les identifier à votre entreprise. La raison en est que vous comptez sur votre message pour faire prendre connaissance de l'envoi, et non sur la reconnaissance de votre en-tête. De toute façon, utilisez une identification graphique correspondant à votre produit.

Ce que relèvent aussi beaucoup de vos destinataires est la classe de l'affranchissement. Il y a une différence entre recevoir une enveloppe ornée d'un véritable timbre et un envoi marqué « BULK » ou « EN NOMBRE ». Mais le commun des mortels est-il sensible à ce détail ? Tout dépend, au fond, de votre intention et, jusqu'à un certain point, de votre cible. Pour des quantités considérables, utilisez de façon générale le mode d'envoi qui vous coûtera le moins cher.

En résumé : mettez-vous à la place de votre client. Que penseriez-vous en recevant un envoi comme le vôtre ? Quelle influence auraient sur vous les messages externes, l'identification de l'expéditeur ou le cachet de la poste ? Là encore, dans le doute, faites un test.

LA LETTRE PERSONNALISÉE

Dans beaucoup de cas, la lettre personnalisée est la seule pièce à l'intérieur de l'enveloppe porteuse. C'est un puissant outil de vente qui simule le contact personnel. Ne faites jamais parvenir à vos clients potentiels un simple dépliant sans inclure une lettre de présentation. Vous améliorerez nettement le rendement de votre lettre si vous suivez les 12 conseils suivants.

1. Ne vous adressez qu'à une seule personne.

Même si vous prévoyez faire parvenir cette lettre à plusieurs milliers de personnes, imaginez, au moment de sa conception, que vous l'écrivez pour un seul destinataire. Utilisez le « vous » de politesse. Concentrez-vous sur ce client cible et donnez-lui l'impression que cette lettre a été spécialement écrite pour lui. Évitez le « nous » et dites « je » pour vous décrire. Ce « je » est le signataire, qui garantit la véracité de ce qui est présenté dans la lettre.

2. Ayez l'air informel.

Puisque vous n'écrivez qu'à une personne, comment se fait-il que votre lettre ait passé entre les mains d'un graphiste ? Même si vous utilisez un ordinateur, évitez les fontes de caractère qui ne font pas machine à écrire. Écrivez à double interligne et ne justifiez pas votre texte à droite. Si vous voulez ajouter de la couleur à votre lettre, contentez-vous de souligner à l'encre les passages importants. Vous donnerez ainsi à votre lecteur l'impression que vous avez écrit ce texte à son intention, assis à votre bureau.

Faites cependant attention ! Il y a une marge considérable entre une lettre qui respire le naturel et un texte bourré de fautes. Assurez-vous que votre lettre ne contient aucune faute. Autrement, vous reflétez l'image d'une entreprise incompétente qui n'a pas le souci de la qualité.

3. Suivez le processus de présentation.

Vous devez tout d'abord attirer l'attention, présenter votre offre (rappelez-vous l'exemple de la gardienne), décrire vos arguments, prouver vos dires et inciter à l'action. Les quatre premières lignes de votre lettre sont cruciales. Si vous ne réussissez pas, dès le premier paragraphe, à attirer l'attention du client potentiel, vous avez perdu la partie.

4. Faites de petits paragraphes.

Beaucoup de lecteurs répugnent à entreprendre la lecture d'un long paragraphe. Dans leur esprit, un long bloc de texte cache quelque chose. Ne dépassez pas six lignes par paragraphe et utilisez un paragraphe par idée. Votre but est de capter l'attention de votre lecteur jusqu'à la fin de votre lettre. Pour y parvenir, rendez-en la lecture facile sinon agréable.

De même, utilisez des chiffres de préférence aux lettres. L'œil voit instantanément un signe de $, tandis que le mot « dollar » doit être lu pour être compris. Il en va de même pour les longues énumérations. Arrivé en fin de paragraphe, le lecteur risque d'oublier de quoi il était question. Vous pouvez l'éviter en faisant éclater les énumérations par l'utilisation d'une ligne par thème et d'un boulet (•) ou d'un tiret (–) devant chaque élément dérivé. Voici quelques exemples :

Des chiffres de préférence aux lettres	Faites éclater les énumérations
« Vous pourriez gagner jusqu'à 58 500 $! » est plus lisible que : « Vous pourriez gagner jusqu'à cinquante-huit mille cinq cents, dollars ! »	« Avec le ZSD, vous économiserez du temps, vous augmenterez votre productivité et vous améliorerez le moral de votre équipe de vente. » est moins efficace que : « Grâce au ZSD, vous pourrez : • économiser du temps ; • augmenter votre productivité ; • améliorer le moral de vos vendeurs. »

5. Jouez sur le facteur temps.

Autant que possible, jouez sur le facteur temps pour susciter un sentiment d'urgence. Vous pouvez expliquer que les prix augmenteront à la fin du mois, que ceux qui répondront dans les 10 jours recevront une prime ou que les 100 premiers clients auront droit à une consultation gratuite. Le message à faire passer est que le lecteur sera perdant en ne répondant pas tout de suite. Mais attention à la fausse représentation ! N'annoncez pas une augmentation de prix si vous savez qu'elle n'aura pas lieu. Cette pratique est punissable par la loi. Qui plus est, vous ne pourrez fidéliser votre clientèle si vous n'êtes pas sincère envers elle.

6. Lisez votre lettre à haute voix.

Si vous éprouvez de la difficulté à lire votre lettre à haute voix, si vous butez sur certains mots ou que certaines suites de syllabes sont incongrues, changez-les sans hésitation. Vous êtes en train de produire une lettre personnelle, et votre destinataire entendra une voix intérieure la lui lire. Si vous hésitez en lisant les mots que vous venez d'écrire, votre message ne passera probablement pas.

7. Terminez en disant au lecteur ce qu'il doit faire.

Vous avez quelque chose à vendre, et le client le sait. Votre handicap est que les gens ont une tendance naturelle à ne pas passer à l'action. Vous les aiderez à agir en leur disant, à la fin de votre lettre, ce qu'ils doivent faire pour bénéficier de tout ce que vous leur avez promis.

Ne vous gênez pas. Dites-leur de prendre le téléphone et de composer immédiatement votre numéro 800 pour profiter d'une consultation gratuite. Dites-leur de remplir le coupon-réponse et de l'expédier dès aujourd'hui pour bénéficier de votre offre spéciale. Ne les abandonnez pas après tous ces efforts !

8. Utilisez le post-scriptum.

Après le titre et le paragraphe d'introduction, le post-scriptum est l'élément le plus lu d'une lettre de vente. Certains sautent directement des deux premiers au dernier avant d'entreprendre une lecture complète. Vous devez, dans le post-scriptum, rappeler l'avantage principal lié à l'acceptation de l'offre et répéter l'importance de répondre tout de suite.

9. Utilisez les points de suspension.

Si votre lettre a plus d'une page, ne terminez pas sur un point au bout d'une phrase complète. Efforcez-vous de finir la page en plein milieu d'une phrase importante, pour encourager votre lecteur à continuer sa lecture au verso. Pensez aux chutes des téléromans qui se terminent avec les mots « À suivre ». Si ces téléromans sont tellement écoutés, c'est que cette technique a du bon. Utilisez-la.

111

10. Faites lire votre lettre.

Vous avez déjà, en complétant la table de l'offre, résumé votre offre en quelques mots. À présent, le moment est venu de faire lire votre lettre et de demander à votre lecteur de la résumer en quelques mots. S'il y a concordance entre son résumé et le vôtre, tout va bien. S'il n'a pas bien compris un passage ou s'il s'interroge sur ce que vous avez voulu dire, votre client potentiel fera de même. Conclusion : procédez à une réécriture !

11. Énumérez les avantages par ordre décroissant.

L'énumération d'une liste d'avantages est plus efficace si elle va du plus important au moins important. Mais attention : il s'agit de l'ordre décroissant tel que le perçoit votre client potentiel, et non de votre ordre personnel de préférence.

12. Incorporez de l'information privilégiée.

Exploitez dans la personnalisation de la lettre l'information que vous avez sur votre client. S'il habite, par exemple, sur la 3e avenue, à Saint-Louis, il sera agréablement surpris de lire au beau milieu de votre lettre : « Nous livrons justement sur la 3e avenue tous les mardis. Faites-nous signe, et nous passerons chez vous la semaine prochaine ! »

L'informatique vous permet d'accomplir ces prodiges si votre liste a été uniformisée. Si vous gérez une animalerie et que vous connaissez le nom de l'animal favori de votre client, imaginez sa surprise quand il lira : « Je suis persuadé que Fifi, votre caniche, adorera notre nouveau mélange superprotéiné... » L'envoi de ce genre de texte adapté est maintenant à votre portée.

LE DÉPLIANT

Alors que la lettre était écrite sur un ton personnel, le dépliant est une pièce de publicité. Le client potentiel voit bien, par la mise en pages, par la typographie et par la qualité du papier que cette composante de votre publi-postage n'a pas été imprimée uniquement pour lui. Le dépliant peut avoir cinq objectifs : compléter la lettre, répondre aux questions qui ont jailli dans l'esprit du client potentiel pendant sa lecture, appuyer les arguments, fournir les détails techniques et couvrir tous les détails d'ordre juridique.

Le dépliant complète votre lettre. Si celle-ci montait en épingle la chance de votre client potentiel de gagner un voyage pour deux à Acapulco, votre dépliant montrera une plage magnifique, des mariachis et un couple se prélassant au soleil. Si vous avez vanté la nouvelle suspension de votre automobile, vous allez inclure un dessin technique. Votre dépliant est un complément de votre lettre, et celle-ci doit être pensée en fonction du publipostage.

Le dépliant appuie vos arguments en venant les répéter à un autre niveau de langage. C'est le moment de présenter les arguments d'une autre façon, de mentionner ceux qui ne l'ont pas été dans la lettre et de publier des extraits de témoignages qui viennent confirmer vos dires. Vous en profiterez également pour répéter votre offre et la façon dont le client potentiel peut s'en prévaloir.

Le dépliant fournit les détails techniques que vous ne pouviez pas inclure dans votre lettre. Par exemple, les amateurs de logiciels voudront savoir tout ce que votre mise à jour leur apportera et quelle configuration matérielle permettra de tirer le meilleur parti de ces nouveautés. Si vous vendez des systèmes de purification d'air, c'est le moment de présenter, accompagnés du sceau de l'organisme qui a analysé vos performances, tous les résultats des tests.

Le dépliant mentionne également tous les détails d'ordre juridique qui sont censés accompagner votre offre. Si la loi vous oblige à fournir des précisions sur la garantie, une mise en garde relative à l'utilisation du

113

produit ou autre, vous le ferez dans le dépliant, là où ça
paraît le plus officiel.

LE BON DE COMMANDE

Le bon de commande, c'est souvent un petit carton qui
porte au verso l'adresse de votre entreprise et que le
client remplit et glisse tout simplement dans une boîte
aux lettres. C'est l'outil par lequel s'exprime le « oui » à
votre offre. En plus de la portion que doit remplir le
client, il présente brièvement, dans un langage suscitant
l'action, le produit ou le service offert, son prix, le mode
de paiement et la garantie de remboursement.

Dave Majure, un spécialiste américain en marketing direct, soutient que c'est la composante que vous
devez rédiger en premier. Vous devez l'avoir à portée de la
main tout au long du processus de création puisque tout
pousse le client potentiel vers le bon de commande,
aboutissement de votre offre, dont il contient l'essentiel.
Si vous éprouvez des difficultés à le rédiger clairement,
c'est que votre offre n'est peut-être pas encore au point.

Personnalisez le bon de commande. D'une part,
cela vous évitera de perdre des commandes dont il vous
est impossible de déchiffrer l'adresse. D'autre part, cela
facilitera les choses pour votre client : il n'aura qu'à cocher
une case, signer le bon et vous le retourner. Ajoutez-y
votre numéro 800 en expliquant qu'il est à la disposition
de ceux qui souhaitent bénéficier d'un traitement accéléré
de leur commande. Si quelqu'un vous appelle sur-le-
champ, il risque moins d'oublier votre offre.

Finalement, vous pouvez rehausser le statut de
votre bon de commande en y inscrivant les mots « Certificat d'essai gratuit », « Document de réservation » ou
« Confirmation du statut de membre ». Vous pouvez également faire imprimer, en rouge sur le panneau adresse du
bon, les mots « Urgent ! » ou « Traitement préférentiel ! » Il
ne s'agit pas de fausse représentation dans la mesure
où une commande est réellement traitée en priorité par

rapport au reste du courrier que reçoit une entreprise. De cette façon, vous transformerez un simple bon de commande en document officiel. L'usage d'une trame sur le pourtour du bon de commande ajoute également au prestige de cette composante.

Mise en garde : assurez-vous que les messages promotionnels que vous utilisez ne correspondent pas à une catégorie de service postal. Par exemple, les mots « Exprès » ou « Prioritaire » vous coûteraient des taux de livraison retour au-dessus de vos moyens ! Contactez une personne-ressource à la Société canadienne des postes afin d'éviter des bévues douloureuses.

L'ENVELOPPE-RÉPONSE

Contenant la commande et ne servant plus un but promotionnel, l'enveloppe-réponse est généralement d'une présentation sobre sinon terne. Mais elle doit néanmoins correspondre au style de l'offre qu'elle est censée compléter et, bien évidemment, aux dimensions du bon.

En outre, si vous avez posé sur votre bon de commande quelques questions personnelles en vue d'enrichir votre base de données – statut familial, revenu, etc. – utilisez une enveloppe-réponse pouvant préserver la confidentialité des renseignements fournis par votre nouveau client.

De même, si vous offrez la possibilité de payer par carte de crédit et que le client est censé inscrire son numéro de carte sur le bon de commande, assurez-vous de fournir une enveloppe. Autrement, votre taux de réponse risque de chuter sensiblement. Les gens détestent voir leur numéro de carte de crédit se promener à travers le pays, sous le nez et à la portée de fraudeurs éventuels.

Si vous incluez une enveloppe-réponse, elle devra bien sûr être préadressée et enjolivée du même type de messages que le bon de commande. Il serait préférable de l'adresser « À l'attention du directeur général » ou, le cas échéant, « À l'administrateur des concours publicitaires ».

LE MESSAGE SPÉCIAL

Vous avez sûrement déjà reçu un publipostage comportant un « message spécial ». Il s'agit le plus souvent d'une petite feuille pliée en deux et scellée, qui porte la mention : « À n'ouvrir que si vous avez décidé de ne pas répondre à notre offre. »

Cette note constitue votre tentative de la dernière chance pour vaincre les objections de votre client. Les éléments à exploiter sont la modicité du prix par rapport à la qualité de ce que vous offrez et la garantie de remboursement sur demande dans les 30 jours. L'ultime question : « Puisque vous ne courez aucun risque et que, au contraire, vous avez tout à gagner, pourquoi diriez-vous non ? »

Un tel message gagne en efficacité s'il est signé par l'un des grands patrons de l'entreprise. La logique en est que c'est à un haut responsable qu'il revient de confirmer la garantie de satisfaction, et non à un exécutant ou à un cadre intermédiaire.

LA LETTRE DE TÉMOIGNAGE

Les témoignages font généralement partie du dépliant, comme nous l'avons déjà présenté. Mais, dans certains domaines particuliers, comme celui des services, vous pourriez éliminer le dépliant au bénéfice d'une lettre de témoignage. Toutefois, pour être efficace, cette lettre doit présenter certaines caractéristiques :

1. Elle est rédigée sur le papier à en-tête de celui qui témoigne.

Il ne doit y avoir aucun doute dans l'esprit du lecteur que cette lettre est un témoignage réel, que les services ont bel et bien été rendus et que les faits présentés ne sont pas inventés pour les besoins de la cause. Si vous produisez un faux témoignage, vous pouvez vous attirer les foudres des organismes publics et perdre ce qui est essentiel à votre survie : votre crédibilité !

2. Elle est rédigée par un professionnel reconnu.

Ayez recours à une personne qui fait autorité dans son domaine. Si votre envoi est destiné à tous les marchands de disques de la province et que votre lettre de référence est signée par un disquaire réputé et respecté, elle aura plus d'effet que si elle était signée par un quincaillier inconnu.

3. Elle est vérifiable.

Le destinataire de la lettre doit pouvoir en vérifier le contenu auprès du signataire. Évitez de vous servir du témoignage de quelqu'un qui a fait faillite depuis lors. Vous serez la risée de tous ceux qui sont au courant de ses mésaventures – et dites-vous que de telles nouvelles vont vite ! Le signataire doit préciser en outre que ceux qui désirent le contacter sont les bienvenus.

4. Elle est le reflet du client cible.

Il faut que les problèmes que vous avez résolus pour votre témoin s'apparentent à ceux que vivent vos clients potentiels. Les lecteurs doivent s'identifier à cette mésaventure et se dire qu'ils aimeraient, eux aussi, trouver une solution à leurs problèmes. Conservez dans vos dossiers les lettres de témoignage les plus caractéristiques que vous recevez pour y puiser au moment de vos publipostages.

Il convient de vérifier – de préférence par écrit – auprès des signataires de telles lettres s'ils ont une objection à une utilisation promotionnelle de leur témoignage.

L'ENVOI INTÉGRÉ

L'envoi intégré n'est pas une composante de l'envoi classique : il le remplace. C'est un imprimé « tout en un » qui incorpore dans une seule pièce toutes les fonctions de l'envoi classique. Vous y trouvez l'adresse et le timbre sur une face, puis la présentation de l'offre, illustrée si nécessaire, les mentions d'ordre juridique ainsi qu'un coupon-réponse détachable. Dans sa forme la plus simple, c'est une feuille pliée en deux et gommée sur un côté.

Comme il n'arrive pas dans une enveloppe, l'envoi intégré fait davantage « publicité » que « courrier ». Vous l'utiliserez de préférence pour renforcer une plus vaste campagne si votre budget ne vous permet pas un envoi classique ou si vous annoncez dans un domaine où cette forme de marketing direct est couramment utilisée.

LA CARTE POSTALE

Tout comme l'envoi intégré, la carte postale ne constitue pas une composante de l'envoi classique : elle le remplace. Elle est surtout utilisée avec une liste de fidélisation, mais certains l'emploient également comme outil de conquête. Vous avez probablement déjà reçu une carte postale de votre concessionnaire de voitures vous indiquant que le temps de la mise au point est arrivée et vous priant de téléphoner pour prendre rendez-vous. La carte postale sert surtout quand le temps presse et que votre offre est d'une grande simplicité à communiquer.

LE CERTIFICAT DE BÉNÉFICES

Le certificat est une composante de visualisation des bénéfices, qui renforce l'effet d'un publipostage. Il peut tout aussi bien garantir une réduction supplémentaire de 5 % s'il est expédié avec le bon de commande que donner droit à une prime spéciale s'il est retourné dans les 15 jours. Il a pour but de créer un sentiment d'urgence en véhiculant la récompense pour tout client potentiel qui agirait rapidement. Un tel certificat paraîtra plus officiel si vous lui donnez l'apparence d'une action en bourse. Si votre système de production le permet, inscrivez-y une date d'expiration au-delà de laquelle il ne sera plus valable. Cette date devrait se situer une quinzaine de jours après la réception prévue du publipostage.

L'ÉLÉMENT INCITATIF

Le plus souvent, il se présente sous la forme d'un gadget destiné à accrocher l'attention du client potentiel et à lui faire oublier sa méfiance. Ses variantes sont presque illimitées, mais nous nous en tiendrons à quatre types parmi les plus couramment utilisés.

1. La carte de membre

Elle accompagne souvent l'offre d'abonnement à un club de livres, de disques ou de films vidéo. Son objectif est de convaincre le client potentiel qu'il est déjà membre et qu'il ne lui reste plus qu'à commander ses trois premières sélections à 0,99 $ pour officialiser son statut. Elle joue sur le sentiment d'orgueil de celui qui a été « sélectionné » alors que ses voisins n'ont pas eu ce privilège.

2. Le timbre à détacher

Il est également utilisé par les clubs et permet au client d'indiquer sa sélection de livres, de disques ou de vidéocassettes en le détachant d'une feuille perforée et en le collant sur son bon de commande. Il sert également de moyen de validation de l'offre par le client. S'il utilise le timbre « oui », il exprime le souhait de se prévaloir de l'offre. S'il utilise le « non », c'est qu'il n'en veut pas. Toutefois, comme il s'est donné la peine de répondre, c'est qu'il est sensible aux envois. Peut-être dira-t-il « oui » la prochaine fois. Considérez son « non » comme « pas tout de suite ».

3. Le « gratteux »

Il peut prendre plusieurs formes. Ce peut être une carte avec trois petites surfaces recouvertes dont chacune donne droit à une réduction supplémentaire. Le client potentiel en gratte une, découvre son montant ou pourcentage de réduction et inclut la carte ainsi validée dans l'enveloppe-réponse. L'objectif est évidemment de faire comprendre que, s'il a découvert une réduction de 10 $ mais qu'il ne donne pas suite à l'offre, c'est autant d'argent qu'il perd. Le gratteux peut également donner droit à une prime.

4. Le chèque

Le chèque accompagne l'envoi, et son montant est équivalent au prix d'une première consultation ou du premier album d'une collection. C'est une forme déguisée de prime qui donne au client le prix de la consultation au lieu de lui dire que celle-ci est gratuite. N'oubliez pas, cependant, de mentionner sur ce chèque que sa valeur se limite au libellé de l'offre.

LE CHAPITRE 6 EN UN COUP D'ŒIL

Les composantes possibles d'un publipostage :

- l'enveloppe porteuse ;
- la lettre personnalisée ;
- le dépliant ;
- le bon de commande ;
- l'enveloppe-réponse ;
- le « message spécial » ;
- la lettre de témoignage ;
- l'envoi intégré ;
- la carte postale ;
- le certificat de bénéfices ;
- l'élément incitatif.

Ce que remarque le client en recevant votre enveloppe porteuse :

- votre message extérieur ;
- votre identification ;
- la nature de l'affranchissement.

12 conseils pour la rédaction de votre lettre :

- Ne vous adressez qu'à une seule personne.
- Ayez l'air informel.
- Suivez le processus de présentation.
- Faites de petits paragraphes.
- Jouez sur le facteur temps.
- Lisez votre lettre à haute voix.
- Terminez en disant au lecteur ce qu'il doit faire.
- Utilisez le post-scriptum.
- Utilisez les points de suspension.
- Faites lire votre lettre.
- Énumérez les avantages par ordre décroissant.
- Incorporez de l'information privilégiée.

4 caractéristiques d'une lettre de témoignage efficace :

- Elle est rédigée sur le papier à en-tête de celui qui témoigne.
- Elle est rédigée par un professionnel reconnu dans son domaine.
- Elle est vérifiable.
- Elle est le reflet du client cible.

4 formes possibles d'élément incitatif :

- la carte de membre ;
- le timbre à détacher ;
- le « gratteux » ;
- le chèque.

Design et production

matériel. **Vous ne risqué rien** parce que si vous n'ètes pas satisfait, vous pouvé nous le dire à la fin ! La demende pour les journaliste n'à jamais été si grende ! Appelez-nous tout de suite et profité de cette ~~mano.~~ ~~manne.~~ demande. Vous n'aurai jamais été aussi content d'avoir répondu à une publisité postalle ! Prenez-en ma parole. J'ai moi-même suivi le cours et l'institu m'aconfié l'écriture de ce texte. **A quant votre tourre ?**

ATTIRER L'ATTENTION SUR LE CONTENU OU SUR LE MÉDIA ?

Qu'en dites-vous ? Le texte que vous venez de lire tant bien que mal respecte le processus de présentation de l'offre. Il commence en attirant l'attention (« Trouver un emploi n'est pas facile de nos jours ! »), puis il présente des arguments (« La demande pour les journalistes n'a jamais été aussi grande »), un témoignage (« Écoutez ce commentaire d'un de nos élèves ») et mise sur une prime (« un dictaphone gratuit ») pour susciter l'action (« Remplissez vite le bon de commande »). Et pourtant, vous n'avez probablement pas remarqué que tous les éléments du processus y figuraient. Pourquoi ? Parce qu'il y a des fautes ! En voyant cet amoncellement de fautes, l'esprit oublie de comprendre le message pour se concentrer sur l'écrit.

Pour être efficaces, vos envois doivent attirer l'attention sur l'offre, sur les pôles produits et clients, et non sur le texte, le papier ou la présentation du contenu. Pour que l'attention soit dirigée vers le contenu, le média doit être le plus transparent possible.

Ainsi, même un envoi scrupuleusement préparé peut ne pas inciter à l'action à cause d'un détail qui a échappé au concepteur mais qui saute aux yeux des clients potentiels. Remarquez que cela n'arrive pas seulement en marketing direct. Un fabricant d'automobiles a connu le même genre de déboires, il y a quelques années au Mexique, en présentant un modèle qui portait le nom de Nova. Or, ce nom signifie en espagnol « qui ne fonctionne pas ». Comment vendre à des hispanophones une automobile affublée d'un tel nom ?

Ce chapitre traitera donc de ces petits détails qui distinguent un publipostage rentable d'un autre où vous perdriez votre chemise.

L'ORTHOGRAPHE

Pour les clients potentiels rejoints par votre publipostage, l'envoi constitue le seul point de contact avec vous. S'ils ne vous connaissent pas déjà, c'est sur la foi de cet envoi qu'ils devront vous juger et c'est à partir de ce jugement qu'ils accepteront la véracité de vos affirmations. Il suffit alors d'une faute pour permettre au doute de s'installer. Il suffit d'un seul mot mal orthographié pour faire croire à ces clients potentiels que vous n'avez pas le souci de la qualité.

On imagine les commentaires dans le genre : « S'ils ne savent pas accorder le mot service, à quoi pourra bien ressembler le leur ? » De plus, une faute d'orthographe attire l'attention sur le texte plutôt que sur le message, détruisant par le fait même l'intérêt du lecteur pour le contenu. Au lieu de se dire à quel point votre offre est intéressante, il se demande comment vous avez pu laisser passer une si grossière erreur.

Pour éviter les pièges les plus courants et renforcer l'efficacité de votre communication, suivez les six conseils suivants.

1. Considérez le dictionnaire comme un ami.

Les plus grands écrivains y ont recours, et plus souvent que vous ne le pensez. Faites comme eux. Ne laissez pas passer un mot en vous disant que vous le vérifierez plus tard. Consultez immédiatement le dictionnaire ou la grammaire et utilisez aussitôt le terme juste ou la tournure recommandée.

2. Faites relire votre texte.

Tout texte de vente doit être relu pour s'assurer que le message transmis correspond bien à ce que son auteur cherche à communiquer. Il va sans dire que vous devez profiter de cette relecture pour faire vérifier s'il y a des fautes. Celui qui écrit un texte est souvent mal placé pour le corriger parce qu'il le connaît tellement qu'il ne voit plus les mots. Quelqu'un d'autre verra immédiatement la faute évidente qui vous a échappé.

3. Évitez les phrases trop longues.

Votre texte est censé convaincre. Le client ne doit pas se demander, après cinq virgules, un tiret et deux parenthèses, ce que vous avez voulu lui dire au cours des six dernières lignes. S'il y a trois idées dans une phrase, faites-en trois phrases.

Évitez également les phrases alambiquées à plusieurs négations, du genre : « Ne vous êtes-vous jamais demandé pourquoi nous hésitons à ne pas accepter... » Elles alourdissent le texte et sèment la confusion.

4. N'agacez pas votre lecteur.

Vous n'écrivez pas pour faire étalage de votre savoir ou jeter de la poudre aux yeux. Vous êtes là pour vendre, et votre texte doit être transparent. S'il y a le moindre risque que les lecteurs ne comprennent pas un terme, utilisez un synonyme. S'il n'existe pas de synonyme, définissez dans un langage convivial le terme technique la première fois que vous l'utilisez dans votre lettre.

5. Ne comptez pas sur l'imprimeur.

Ce n'est pas parce que l'imprimé est son gagne-pain que l'imprimeur ne fait jamais de fautes. Demandez à voir les épreuves et montrez-les à au moins une autre personne avant de les approuver. Mieux vaut corriger immédiatement une épreuve erronée que de faire parvenir à

100 000 clients un texte qui leur dira que vous n'avez pas le souci du détail.

6. Mettez-vous à la place de votre client.

La seule façon de prévenir un malentendu est de se mettre à la place du destinataire de votre texte. Imprégnez-vous des mots qu'il utilise dans la vie et trouvez les équivalents les plus frappants dans son propre contexte quotidien. S'il y a lieu de l'initier à des termes techniques, faites-le sans recourir à un ton doctoral et à des formules pédantes. C'est avec les mots justes que l'on atteint l'efficacité.

BEAU OU EFFICACE ?

Le monde de l'éditique a accompli des progrès énormes au cours des dernières années, et avec la généralisation des moyens technologiques, le prix des logiciels, des imprimantes et des micro-ordinateurs a substantiellement baissé. Parallèlement, la capacité des logiciels augmentait à un point tel que des options graphiques, impensables il y a 10 ans à peine, sont à présent à portée de la main de n'importe quelle PME.

Mais tous ces progrès risquent d'entraîner le concepteur vers des abus. Ce n'est pas parce qu'une option existe que vous devez absolument l'utiliser. Le but de votre envoi n'est pas de déclencher l'émoi chez les amateurs d'arts graphiques, mais de susciter l'action chez des clients potentiels. L'utilisation des artifices de la technologie ne doit pas nuire à la capacité de lecture de vos clients. Pour éviter les pièges tentants de la technologie, respectez les quelques conseils suivants.

1. N'abusez pas des polices de caractères.

Il est aujourd'hui facile de multiplier les fontes de caractères avec un logiciel de traitement de texte courant. Mais en jouant avec les lettres, les lecteurs peuvent en venir à oublier les mots, pour se concentrer sur ces charmantes modifications qui n'ajoutent rien au texte, mais qui amusent tant.

2. N'abusez pas des changements de corps (grosseur des caractères).

C'est la même chose pour la multiplication des corps des caractères dans une même fonte. Utilisez au plus trois corps : une pour le titre, une pour les intertitres et une pour le texte.

3. N'abusez pas des faces des caractères.

Les faces sont employées pour faciliter la compréhension du texte. L'italique *est souvent utilisé pour les mots étrangers et les titres d'ouvrages cités* **alors que les caractères gras servent à indiquer un passage particulièrement important.** Évitez les jeux d'ombres, les contours ou tout ce qui n'ajoute rien à votre message.

4. Ne rédigez pas de longues phrases en majuscules.

SI NOUS VOUS DONNONS CE CONSEIL, C'EST SIMPLEMENT PARCE QUE LES MAJUSCULES RALENTISSENT LE RYTHME DE LECTURE DE VOTRE CLIENT POTENTIEL ET LE FORCENT À SE CONCENTRER DAVANTAGE POUR COMPRENDRE VOTRE MESSAGE. SI VOUS TENEZ À UTILISER DES MAJUSCULES, LIMITEZ-VOUS AU TITRE.

5. N'enroulez pas le texte autour d'une image.

Si vous le faites, vous serez obligé d'utiliser des traits d'union et vous créerez de la confusion chez le lecteur, qui se demandera s'il doit lire comme s'il s'agissait de colonnes ou de lignes. Bref, en entourant le texte autour d'une image, vous provoquerez chez le lecteur une perte d'attention qui risque de vous coûter une vente.

6. Soyez prudent avec les couleurs.

Tout le monde est capable de lire un texte écrit en noir sur fond blanc ou pâle. Si vous utilisez des couleurs vives et contrastées, par exemple des caractères jaunes sur fond bleu, vous finirez par irriter les yeux du lecteur. Certains fonds de couleur ont tendance à « manger » les caractères et à les rendre à peu près illisibles.

7. Utilisez des photos vivantes.

Une photo qui montre une personne se détendant dans le fauteuil que vous vendez sera de 30 % plus efficace qu'une photo montrant le fauteuil seul. Les gens sont très sensibles aux images qui montrent des utilisateurs satisfaits et souriants. Ce n'est certes pas possible avec tous les produits. Par exemple, dans un dépliant technique, c'est le produit qui doit être montré. Mais, en règle générale, mettez de la vie dans vos photos.

8. Utilisez les légendes sous les photographies.

Nous avons déjà mentionné que le titre de votre texte, son premier paragraphe et le post-scriptum sont les premières choses que regarde votre lecteur. Il jettera également en priorité un coup d'œil aux légendes situées sous vos photos. Ne vous contentez pas de décrire le produit. Parlez des bénéfices, des avantages et de la nécessité d'action que celui-ci représente. Vous augmenterez les chances de voir votre lecteur lire la totalité de votre envoi.

9. Pensez aux coûts.

Un dépliant quatre couleurs sur papier glacé fait bonne impression. Mais si ces quatre couleurs ne se marient pas bien avec votre budget, rappelez-vous qu'une trame pourra produire des effets superbes sur un envoi deux couleurs. Créativité ne doit pas nécessairement rimer avec gros budget.

10. Ne provoquez pas la confusion.

Votre lecteur s'attend à trouver votre post-scriptum au bas de la page et non au milieu. S'il s'agit d'un envoi intégré, il s'attend à trouver le bon de commande au coin inférieur droit de l'envoi et pas en haut. Pourquoi aller à l'encontre de ses attentes et créer un obstacle supplémentaire à l'envie de passer à l'action ?

11. Ne craignez pas d'utiliser des blancs.

Vous n'avez pas à remplir chaque interstice de votre dépliant. Parfois, un vide autour d'un texte ou d'une photo les met davantage en valeur. Votre graphiste a raison de dire que les blancs ne sont pas nécessairement de l'espace perdu.

12. Apprenez de vos concurrents.

Pourquoi réinventer la roue ? Jetez un coup d'œil aux envois de vos principaux concurrents. Quelles en sont les caractéristiques ? Depuis combien de temps utilisent-ils les mêmes éléments ? Profitez de leur expérience pour éviter autant que possible les frais d'apprentissage. En décortiquant leurs succès, vous pourrez améliorer leur offre.

FABRICATION MAISON OU SOUS-TRAITANCE ?

Devez-vous recourir aux services de sous-traitants, si oui, à quel moment ? La réponse dépend à la fois de la nature de votre entreprise et des compétences qu'elle recèle. Au départ, vous êtes mieux placé que quiconque pour définir l'intention et l'offre. Mais cela ne veut pas dire qu'une fois l'offre définie vous soyez aussi la meilleure personne pour prendre en charge tout le projet.

Si votre marché est relativement modeste et que vous comptez faire quelques centaines d'envois seulement, vous pourriez éventuellement réaliser l'essentiel du publipostage, quoique le dépliant doive être réalisé par un imprimeur. Autre élément à prendre en considération : s'il est d'usage, dans votre secteur d'activités, de faire des envois éclatants, vous pouvez difficilement vous permettre d'en faire un qui paraîtra terne ou amateur !

Passez au crible votre propre entreprise pour voir si un crack de l'informatique s'y cache. Si vous tombez sur cette personne qui connaît déjà les bases de l'éditique et qui rêve de concevoir du matériel promotionnel, offrez-lui quelques séances de formation en graphisme à votre cégep local. Cela lui évitera de commettre des erreurs de débutant en montant les premiers envois de votre entreprise.

À défaut de ressource interne et en supposant que vous n'ayez pas le temps d'apprendre vous-même, composez quelques textes et présentez-vous chez un imprimeur pour demander une soumission. En travaillant avec un imprimeur, rappelez-vous les six conseils suivants.

1. Demandez plusieurs soumissions.

Ne vous gênez surtout pas. Vous verrez bien vite que l'écart est parfois énorme entre les soumissions, par exemple celle d'un imprimeur qui ne fait habituellement que des cartes de visite et celle d'un imprimeur qui possède ses propres presses quatre couleurs. N'arrêtez pas vos recherches après la première soumission.

2. Ayez en main un publipostage qui vous a plu.

Il y a tellement de décisions à prendre au moment de la conception d'un publipostage (qualité du papier, méthode de pliage, adressage, choix des couleurs, choix des caractères, etc.) que votre premier envoi sera une véritable épreuve si vous ne suivez pas ce conseil. Apportez avec vous un publipostage qui vous a plu et demandez à l'imprimeur de s'en servir pour préparer son devis. Vous saurez ainsi, dès la case départ, à quoi vous attendre.

3. Demandez quels services supplémentaires il peut offrir.

Certains imprimeurs peuvent plier la lettre, insérer toutes les composantes dans l'enveloppe porteuse et même adresser les envois avec une imprimante à jet d'encre si vous fournissez les noms sur support magnétique. Demandez quels autres services ils peuvent offrir. Ne sacrifiez pas le précieux temps de vos ressources de vente à préparer des envois si votre imprimeur est prêt à le faire à un prix raisonnable.

4. Demandez à voir des envois qu'il a déjà réalisés.

S'il n'en a jamais fait, vous ne devez pas nécessairement l'éviter. Essayez plutôt de lui faire réduire ses prix parce que vous n'êtes pas prêt à subventionner ses coûts d'apprentissage.

5. Renseignez-vous sur ses quantités minimales efficaces.

Si vous prévoyez poster 200 000 envois cette année, vous n'avez pas à les faire imprimer d'un seul coup. Il existe pour chaque imprimeur une quantité minimale efficace au-delà de laquelle les prix unitaires ne baissent presque plus. Si, par exemple, cette quantité est de 25 000, vous pourrez fractionner votre commande totale annuelle en huit livraisons, évitant ainsi de sacrifier votre fonds de roulement. De plus, en procédant de cette façon, vous améliorerez constamment votre envoi, à mesure que vous recevrez des commentaires des clients potentiels, des vendeurs et des clients fidélisés.

6. N'attendez pas d'en avoir besoin pour hier !

La meilleure façon d'obtenir un bon service et un bon prix d'un imprimeur, c'est de ne pas être pressé. Si vous lui demandez son meilleur prix en expliquant qu'il pourra produire l'envoi pendant les jours creux parce que vous n'en avez pas besoin avant six semaines, vous paierez moins cher et aurez un meilleur service. Le client pressé paye toujours plus cher !

Quand vous vous serez entendu sur un prix, l'imprimeur préparera une première épreuve qu'il vous soumettra. C'est à ce moment-là que vous exigerez toutes les modifications qui vous importent. Rappelez-vous que les efforts créatifs, aussi louables soient-ils, ne doivent pas éloigner le message de votre intention.

FAUT-IL AFFRANCHIR L'ENVELOPPE-RÉPONSE ?

Nous avons mentionné à plusieurs reprises l'importance de rendre le plus facile possible l'action que vous attendez du client potentiel. Nous avons suggéré d'inclure un numéro 800 (sans frais d'appel) pour les clients pressés et de fournir une carte-réponse préaffranchie ou une enveloppe-réponse préaffranchie avec chaque envoi. Le moment est maintenant venu de dire quand et pourquoi vous ne devriez pas le faire.

Selon la nature de votre offre, il y a des cas où vous ne souhaitez justement pas que tout le monde réponde. Par exemple, si vous offrez une vidéocassette gratuite à tous ceux qui demanderont votre nouveau catalogue, vous allez être inondé de demandes de chasseurs de primes qui n'ont pas du tout l'intention d'acheter quoi que ce soit. Vous feriez mieux de ne pas fournir votre numéro 800 dans votre envoi (pour éviter le flot d'appels qui ne font pas sonner votre tiroir-caisse !) et de réserver votre cadeau à ceux qui iraient chercher eux-mêmes leurs timbres-poste.

Pour décourager les importuns, vous pouvez également inclure sur le bon de commande un petit sondage (nombre d'employés ou nombre d'enfants, chiffre d'affaires ou revenu familial, statut familial ou fonction dans l'organisation, etc.). Si votre offre est par trop irrésistible, l'enveloppe-réponse non affranchie et le sondage sont des outils de dissuasion à envisager.

LES DIMENSIONS

Nous avons jusqu'à présent parlé de votre offre et de ses composantes, mais qu'en est-il des dimensions « hors tout » de l'envoi ? Enveloppes, lettre, dépliant, bon de commande, message, « gratteux » et autres finissent par prendre de la place et du poids. Avant de donner votre accord à l'imprimeur, faites un tour au bureau de poste pour vérifier votre publipostage.

Savez-vous qu'un petit centimètre de plus sur la largeur de l'enveloppe peut faire grimper de façon significative le coût d'expédition de votre envoi ? Savez-vous qu'un gramme de plus peut faire doubler le coût d'affranchissement en faisant passer votre envoi à la catégorie de poids supérieure ? Demandez à rencontrer un conseiller de la Société canadienne des postes et faites-lui part de vos projets. Il vous donnera des conseils pratiques qui pourront réduire vos frais d'expédition.

LA LONGUEUR ET LA PERSONNALISATION DE LA LETTRE

En 1994, Centraide a fait un test : deux lettres ont été expédiées lors d'une même campagne de financement. La première, de deux pages, était d'un style sobre et sans photo. La deuxième avait quatre pages, elle était illustrée et était rédigée dans un style plus émouvant. La seconde lettre a suscité un taux de réponse de 44 % plus élevé que la lettre de deux pages. Comme l'a mentionné Irwin Pollock, coordonnateur du marketing direct à Centraide, « ça tend à prouver que les gens sont prêts à lire une lettre plus longue si elle est bien rédigée ».

Quelle longueur doit avoir votre lettre ? Elle doit être suffisamment longue pour inciter à l'action. Si vous avez besoin de trois pages pour y parvenir, prenez-les. S'il ne vous en faut qu'une, limitez-vous à cette seule page. Ce qui importe est de mobiliser l'attention du lecteur et de suivre les conseils du chapitre précédent. Il n'existe donc pas de longueur magique qui garantisse le succès.

Votre lettre doit-elle être personnalisée? Absolument. Une lettre personnalisée, l'inclusion d'information privilégiée (par exemple, le nom du caniche dans le chapitre précédent) et une enveloppe sans étiquette autocollante sont autant de facteurs qui renforcent l'impression que l'envoi a été écrit pour un seul client potentiel.

Toutefois, la personnalisation nécessite certaines précautions. Si votre fichier n'est pas uniformisé, vous allez vous retrouver avec des «Cher monsieur Beignes Plus», des «Que penseront vos enfants, monsieur Radiologie Express?» ou des «Je vous connais bien, monsieur Distribution Électrique, et laissez-moi vous dire que...» Ces envois, vous vous en doutez bien, finiront directement à la poubelle.

Vous pouvez toujours personnaliser et faire trier le tout pour éliminer les bévues de ce genre, mais cela augmentera le coût de votre publipostage. C'est à vous, finalement, de comparer ce que vous coûte la personnalisation à ce qu'elle peut vous rapporter. De toute façon, une personnalisation bien faite vous rapportera davantage que n'importe quel envoi impersonnel.

Toutefois, si vous décidez de ne pas personnaliser votre envoi, n'utilisez jamais les expressions «À qui de droit», «À tous ceux que ça concerne», «À l'occupant» ou «Monsieur». C'est un bien mauvais début, qui choque par sa passive neutralité ou par son incorrection si c'est une femme qui reçoit le publipostage tout au masculin. Utilisez des formules qui correspondent au profil des clients que vous souhaitez attirer. Le gérant d'une animalerie pourrait par exemple écrire «Chère amie et cher ami des animaux» et le marchand de logiciels «Bonjour aux amateurs de logiciels fiables». Bref, cherchez une formule qui permettra au client potentiel de s'y reconnaître sans recourir à la personnalisation. Si vous n'êtes pas capable de trouver un dénominateur commun à votre clientèle cible, peut-être avez-vous sauté une étape importante.

L'ÉCHÉANCIER D'EXPÉDITION

Nous allons certes traiter des tests dans le chapitre 13, mais une mise en garde s'impose dès à présent. Quand vous aurez procédé à un prétest, vous aurez une idée assez précise du taux de réponse que vous donnera votre prochain envoi en nombre. Tenez compte de ce taux et de votre capacité de servir les clients avant de lancer votre campagne. Si vous n'êtes en mesure de servir que 100 nouveaux clients par semaine, n'expédiez pas deux fois trop d'envois qui créent 200 demandes. Vous frustreriez 100 personnes que vous perdriez probablement pour toujours. Dotez-vous d'un échéancier d'expédition.

LE CHAPITRE 7 EN UN COUP D'ŒIL

6 conseils à propos de l'orthographe :

- Considérez le dictionnaire comme un ami.
- Faites relire votre texte.
- Évitez les phrases trop longues.
- N'agacez pas votre lecteur.
- Ne comptez pas sur l'imprimeur.
- Mettez-vous à la place de votre client.

12 conseils pour améliorer l'efficacité de votre présentation :

- N'abusez pas des polices de caractères.
- N'abusez pas des changements de corps (grosseur des caractères).
- N'abusez pas des faces des caractères (gras, italique).
- Ne rédigez pas de longues phrases en majuscules.
- N'enroulez pas le texte autour d'une image.
- Soyez prudent avec les couleurs.
- Utilisez des photos vivantes.
- Utilisez les légendes sous les photographies.
- Pensez aux coûts.
- Ne provoquez pas la confusion.
- Ne craignez pas d'utiliser des blancs.
- Apprenez de vos concurrents.

6 conseils pour bien travailler avec votre imprimeur :

- Demandez plusieurs soumissions.
- Ayez en main un publipostage qui vous a plu.
- Demandez quels services supplémentaires il peut offrir.
- Demandez à voir des envois qu'il a déjà réalisés.
- Renseignez-vous sur ses quantités minimales efficaces.
- N'attendez pas d'en avoir besoin pour hier !

5 autres éléments à prendre en considération :

- Allez-vous réaliser vous-même les envois ou recourir à des sous-traitants ?

- Devez-vous utiliser une enveloppe-réponse préaffranchie ?

- Avant la production, montrez votre envoi à un conseiller de la Société canadienne des postes.

- Allez-vous personnaliser votre envoi ?

- Avez-vous évalué combien de nouveaux clients vous pouvez servir chaque semaine ?

Évitez la présentation qui distrait. C'est le message qui doit retenir l'attention.

8

Les autres utilisations de l'imprimé

ARSENAULT, BAKER ET CORBEAU

C'était la troisième fois dans la même journée que Lyne tentait de joindre son avocat. Chaque fois, elle laissa un message, disant que c'était important, et chaque fois le réceptionniste lui dit que Me Corbeau la rappellerait le plus tôt possible. Elle allait lui donner une dernière chance.

« Arsenault, Baker et Corbeau, puis-je vous aider ?

– Oui. Passez-moi Me Corbeau, s'il vous plaît.

– Maître Corbeau n'est pas disponible pour l'instant. Si vous voulez bien me laisser vos nom et numéro de téléphone, il vous contactera dans les plus brefs dél...

– Il n'en est pas question. Ça fait trois fois aujourd'hui que je vous laisse mes coordonnées et personne ne m'a encore rappelée. Si je ne lui parle pas dans la minute, je change d'avocat ! »

Le changement de ton devait avoir désarçonné le réceptionniste. Il y eut quelques secondes de silence, puis il revint en ligne :

« Si vous voulez bien patienter quelques instants, je vais aller voir s'il peut vous répondre.

– Très bien. J'attends. »

Elle entendit un déclic et la voix du réceptionniste fit place au *Canon* de Pachelbel, entrecoupé de fréquents : « Ne coupez pas. Pour conserver votre priorité d'appel, gardez la ligne. Votre clientèle nous tient à cœur et nous vous répondrons dans les plus brefs délais. » Elle avait toujours détesté ces voix synthétisées, surtout pendant le *Canon* de Pachelbel. Un nouveau déclic et la voix du réceptionniste se fit entendre de nouveau :

« Me Corbeau ne peut pas prendre immédiatement votre appel, mais il promet de vous rappeler dans une demi-heure.

– Bon, je vais attendre. Mais dites-moi ce qui se passe chez vous. Je reçois d'habitude un meilleur service. S'il était en cour, j'aurais compris, mais il est là, au bureau ! »

Le réceptionniste soupira bruyamment, ne dit rien pendant quelques secondes, puis reprit sur un ton exaspéré :

« Ils ont fait parvenir des lettres à des clients potentiels. Pour les attirer, ils leur ont garanti une première consultation gratuite d'une heure et ce, dans les 24 heures suivant un coup de téléphone, ce qui fait que nous sommes inondés d'appels. Les partenaires n'arrivent même plus à prendre leurs appels courants.

– Mais ça n'a pas de bon sens ! Pour offrir des consultations gratuites, ils n'hésitent pas à se mettre à dos leurs clients réguliers ! Des clients qui payent ! C'est bien ça ?

– Oui et non. Ils ne s'attendaient pas à avoir autant de demandes. Ils pensaient pouvoir offrir le même bon service aux clients réguliers.

– Eh bien, dites à Me Corbeau que ce n'est pas nécessaire de me rappeler. Je change d'avocat. S'il veut de nouveau avoir ma clientèle, il n'aura qu'à me faire parvenir, dans quelques mois, une lettre m'octroyant une heure gratuite avec lui et une consultation garantie dans les 24 heures. Si un nouveau client vaut davantage pour lui qu'une cliente qui fait affaire avec lui depuis bientôt 10 ans, ça va lui faire plaisir ! »

Le réceptionniste dut se dépêcher de faire le message, puisque moins de six minutes plus tard, Lyne recevait l'appel de son avocat. Ayant reçu une mise en demeure, elle n'avait pas vraiment envie de changer d'avocat. Elle en profita toutefois pour dire sa façon de penser à quelqu'un qui voulait tellement gagner de nouveaux clients qu'il en venait à négliger des clients qu'il tenait pour acquis. Honteux et confus, Me Corbeau jura, mais un peu tard, qu'on ne l'y reprendrait plus.

D'AUTRES UTILISATIONS DE L'IMPRIMÉ

Jusqu'ici, nous avons traité d'envois présentant une offre complète, adressés à des clients potentiels susceptibles d'y répondre positivement. Nous avons insisté à la fois sur l'importance de bien cibler la clientèle et sur la préparation d'un envoi qui déclenchera l'action.

Sans quitter le marketing direct, nous abordons dans ce chapitre six médias qui ne jouent que sur l'une de ces facettes, à savoir des envois ciblés qui ne cherchent pas à inciter à l'action ou des envois non ciblés qui tentent de provoquer l'achat.

L'UTILISATION DE JOURNAUX ET DE MAGAZINES

Si vous vendez un produit bon marché ou si vous souhaitez vous constituer un fichier de personnes intéressées à faire affaire avec vous, l'annonce publiée dans un journal ou une revue peut représenter un bon choix. Elle n'est pas aussi ciblée – et la communication est impersonnelle – mais si vous choisissez bien votre média, votre rapport nombre de prospects par dollar investi pourrait être satisfaisant.

Le choix de la publication est très important dans ce contexte. Commencez par vous demander ce que lit votre client cible. Où le lit-il ? Quand le lit-il ? Contactez ensuite les médias retenus et demandez-leur de vous faire parvenir l'information qu'il vous faut pour prendre une décision. Ils sont censés vous envoyer des renseignements sur le tirage, le nombre d'abonnés, les tarifs publicitaires, un profil démographique de leurs lecteurs ainsi que les dates de tombée pour les parutions de publicité.

Analysez soigneusement toute cette information. Jetez un coup d'œil aux autres annonces parues dans les pages de ces revues et demandez-vous si la vôtre sera à sa place parmi elles. Là-dessus, entreprenez la conception de votre publicité.

LA CONCEPTION

Supposons que nous voulons vendre *Ouvrez vite !* par une annonce dans une publication. Par où commencerons-nous ? Comment nous y prendrons-nous pour créer une annonce qui respectera le processus de présentation de l'offre ? Nous suivrons les neuf étapes suivantes :

1. Le choix du média

À qui s'adresse ce livre ? À des entrepreneurs qui souhaitent accroître leurs ventes. Parlons-nous d'entreprises mondialisées ? Non, elles possèdent déjà un service de marketing et ne seront que peu intéressées par ce livre.

Nous pouvons donc définir notre clientèle cible comme étant constituée de gens d'affaires et de gestionnaires œuvrant dans une petite ou moyenne entreprise, désireux de voir grossir leur chiffre d'affaires. En nous basant sur cette constatation, quel média choisirons-nous?

Nous tenterons d'annoncer dans un média assez grand public et d'office nous éliminerons les revues de management qui s'adressent à des spécialistes ou à des universitaires. Nous mettrons également de côté les revues dont la plupart des lecteurs sont des cadres supérieurs dans des entreprises possédant un service de marketing. Que nous reste-t-il?

Au Québec, nous pourrions utiliser la revue *PME* ou le journal *Les Affaires*. Les pages économiques des grands quotidiens constitueraient également un bon placement. Il en va ici comme pour la location d'une liste de noms: le choix du média dépend de la clientèle à atteindre. Ce serait pur gaspillage que de faire paraître une superbe annonce dans la mauvaise publication!

2. La prélecture des autres publicités

Supposons que nous ayons choisi la revue *PME*. Nous allons à présent nous procurer les 12 derniers exemplaires et les analyser. Dès que nous aurons mis la main sur ces numéros – la majorité des revues québécoises grand public se trouvent à votre bibliothèque municipale – nous examinerons les publicités courantes, en nous concentrant sur celles qui reviennent régulièrement.

Pourquoi? Parce que, si elles reviennent, c'est qu'elles sont efficaces. Sinon, il y a longtemps que les annonceurs auraient rectifié le tir ou fait cesser les parutions. C'est le danger de se baser uniquement sur la dernière édition d'une revue: vous pouvez être tenté de vous inspirer d'une publicité qui fera peut-être un flop.

Relevez les cinq publicités qui reviennent le plus souvent et qui mettent en valeur une offre qui se rapproche

	Parutions	Produit annoncé	Facteur de motivation utilisé
1			
2			
3			
4			
5			

Tableau 8.1 Prélecture des autres publicités

de la vôtre. Remplissez ensuite le tableau ci-dessus en indiquant, pour chaque publicité retenue, le produit qui y était mis en valeur et le facteur de motivation utilisé.

Pendant cette lecture, vous vous rendrez peut-être compte que la revue analysée n'est pas celle à laquelle vous vous attendiez. Si vous n'êtes pas capable d'imaginer un lecteur de cette revue achetant votre produit, il est encore temps de reprendre le processus depuis le début.

3. La rédaction du titre

Supposons que nous ayons analysé cinq publicités vantant elles aussi des livres et que nous nous soyons rendu compte que les facteurs de motivation les plus utilisés sont la crainte et l'argent. Il nous reste alors à trouver un titre et un sous-titre. Cette phase correspond à la première étape du processus de présentation de l'offre : attirer l'attention.

Il arrive que des annonceurs négligent d'apposer un titre à leur publicité. Ils ont tellement confiance en leur produit qu'ils se disent qu'il va se vendre tout seul. C'est une erreur. Le titre, dans ce genre de publicité, est très important. Celui qui feuillette la revue entre deux rendez-vous ne regardera votre publicité que pendant trois ou quatre secondes. Si le titre ne l'accroche pas, il passera à la page suivante. Votre publicité a trois secondes pour lui dire qu'elle vaut la peine d'être lue.

Que diriez-vous de : « Commandez dès aujour-d'hui » ? C'est une formule qui pousse à l'action, mais attirerait-elle l'attention ? Peut-être devrions-nous vanter la disquette gratuite ? Non, c'est un argument de vente centré autour du produit. Nous cherchons un titre centré autour du pôle client. Grâce à notre analyse des publi-cités les plus fréquentes dans ce magazine, nous savons maintenant que ses lecteurs sont sensibles aux facteurs argent et crainte. Nous cherchons un titre qui combine ces deux facteurs de motivation et qui a quand même un rapport avec notre livre.

Que dites-vous de : « Souhaitez-vous avoir plus de clients ? » Pas mal, mais un peu trop littéraire, peut-être. Ce n'est pas vraiment ce que souhaite notre client poten-tiel. Pourquoi pas : « Voulez-vous vendre plus ? » L'argent est employé comme facteur de motivation et il est vrai qu'en utilisant les principes présentés dans ce livre, le lecteur pourra augmenter son chiffre d'affaires. Oui, nous y allons avec ce titre.

Quant au sous-titre, nous le rédigerons en nous servant de la crainte comme facteur de motivation. Le titre accrochera l'attention du lecteur, et le sous-titre le poussera à lire toute notre publicité. Pourquoi pas, en guise de sous-titre : « Si vous n'utilisez pas déjà le marke-ting direct, vous vous privez de nombreuses ventes. Ce livre vous montre comment faire. »

Voilà ! Notre titre l'a accroché, et il sait à présent que, s'il ne lit pas toute notre publicité, il risque de se pénaliser sérieusement. Les titre et sous-titre étant main-tenant choisis, nous sommes prêts à passer à la pro-chaine étape.

4. La présentation des arguments

Dans ce genre de publicité, nous ne disposons pas de tout l'espace requis pour présenter une foule d'argu-ments. Nous allons en fournir quelques-uns en tirant quatre ou cinq intertitres dans la table des matières, mais nous laisserons entendre qu'il y en a bien plus que cette énumération. Voici les arguments que nous retiendrons :

- Concevez de meilleurs envois postaux.
- Tirez le maximum d'une liste de clients.
- Apprenez à rédiger une lettre qui vend.
- Fidélisez votre clientèle actuelle.
- Trouvez de nouveaux clients.
- Plus de 200 pages de renseignements !

5. La preuve de ses dires

Il ne faut pas oublier la troisième étape de notre processus de présentation de l'offre. Nous prouverons nos dires de deux façons : en montrant une photo du livre et en citant un professionnel qui l'a apprécié.

La photo du livre vient renforcer notre message et établit l'existence du produit. De plus, elle enrichit l'apparence graphique de notre publicité. Utilisez une photo chaque fois que c'est possible. Quant à la citation, supposons qu'un rédacteur bien connu ait lu notre manuscrit et ait mentionné qu'il présentait « une mine de renseignements ». C'est suffisant si le rédacteur cité est connu des lecteurs de la revue.

6. Le goût de l'action

Il nous reste à pousser notre lecteur à l'action. Pour ce faire, nous allons simplement écrire : « Commandez dès aujourd'hui ! » en ajoutant que le livre est également offert dans les librairies. Comme incitatif supplémentaire, nous pourrions ajouter, en diagonale sur la photo du livre, mais sans en cacher le titre : « Disquette gratuite à l'intérieur ».

7. Le bon de commande ou le numéro 800

Notre bon de commande utilisera le bas de notre publicité. Nous aurons recours à tous les outils qui peuvent simplifier l'achat : carte de crédit, chèque personnel, numéro de téléphone sans frais d'appel pour acheter tout de suite.

En guise de texte de commande, nous dirons : « Oui, je veux moi aussi bénéficier du marketing direct ! Faites-moi parvenir *Ouvrez Vite !* à 29,95 $, le plus rapidement possible. » L'utilisation d'une phrase à la première personne du singulier vient provoquer ici l'envie d'acheter. En lisant cette phrase, le lecteur entend mentalement ces mots. De plus, cette phrase répond à notre titre et à notre sous-titre, ce qui ferme bien la présentation de notre offre.

8. Le test

Dès que notre annonce est prête, nous allons la montrer à plusieurs personnes pour nous assurer qu'elle ne contient pas de fautes et qu'elle produit l'effet escompté. Nous allons les inviter à émettre des commentaires sur le texte et sur la présentation (rappelez-vous que la présentation ne doit pas l'emporter sur le message). Nous allons également faire feuilleter le livre par ces personnes pour qu'elles confirment que ce que nous avons dit dans notre publicité reflète bien ce qui se trouve dans le livre. Si un même commentaire négatif revient souvent, nous modifierons en conséquence l'élément critiqué.

9. Le placement média

Il nous reste à acheter l'espace publicitaire et à nous assurer que les stocks seront suffisants le jour de la parution. Priorité : ne pas frustrer des clients en les priant d'attendre !

Voici ce que ça donne.

Voulez-vous vendre plus ?

Si vous n'utilisez pas déjà le marketing direct, vous vous privez de nombreuses ventes. Ce livre vous montre comment faire.

- Concevez des envois postaux efficaces.
- Tirez le maximum d'une liste de clients.
- Écrivez des lettres qui vendent !
- Fidélisez votre clientèle actuelle.
- Trouvez de nouveaux clients.
- Plus de 200 pages de renseignements !

Ouvrez Vite !

Disquette gratuite à l'intérieur !

« Une véritable mine de renseignements ! »
– Un rédacteur bien connu

29,95 $
En vente dans les librairies

Commandez dès aujourd'hui !

- -

Oui ! Je veux moi aussi profiter du marketing direct !
Faites-moi parvenir « *Ouvrez Vite !* » à 29,95 $, le plus rapidement possible.

Entreprise : _____

Nom : _____

Adresse : _____

Ville : _____ Code postal : _____

Téléphone : ( ) _____

Chèque ❑   Visa ❑   MasterCard ❑   Amex ❑

Numéro : _____ Expiration : _____

Pour un service immédiat,
avec carte de crédit,
appelez au (514) 392-9000
ou au 1 800 361-5479

Envoyez votre commande à : Les Éditions TRANSCONTINENTAL inc.
1100, boul. René-Lévesque Ouest, 24ᵉ étage
Montréal (Québec) H3B 4X9

Figure 8.1 Annonce pub.

Surtout, pas de fausse modestie. Notre publicité n'est peut-être pas parfaite, mais pour une première expérience, elle ne manque pas de force de frappe !

L'INSERTION-REVUE

Publicité créée à l'intention des lecteurs d'un journal ou d'un magazine, l'insertion-revue, comme son nom l'indique, est encartée dans la publication plutôt que d'être imprimée dans une page. Elle peut prendre la forme d'un envoi intégré ou d'un simple coupon que le lecteur retourne pour se prévaloir d'une offre. Elle peut être brochée à l'intérieur, entre deux pages bien précises, ou soufflée librement entre les pages.

Vous réaliserez ces encarts en suivant les mêmes étapes que pour la publicité journal. Mais comme vous disposez de plus d'espace, vous pouvez vous permettre d'y présenter des produits plus chers que notre livre de l'exemple précédent. Si votre insertion consiste en une feuille de format 8,5 × 11 (21,5 cm × 28 cm) pliée en deux, la page 1 servira à attirer l'attention, les pages 2 et 3 présenteront les arguments et les témoignages, alors que la page 4 poussera à l'action.

Avec ce genre de véhicule publicitaire, il est important de bien choisir la date de parution. Certains jours sont particulièrement encombrés et votre encart maison risquerait de se retrouver noyé parmi une dizaine d'autres, vous procurant des résultats médiocres.

LE RELEVÉ MENSUEL

Si vous êtes détenteur d'une carte de crédit, vous avez certainement reçu une offre directe insérée avec votre état de compte mensuel, que Georges Vigny appelle « rembourrage » dans son livre *L'Offre irrésistible*. Si c'est bon pour les banques, pourquoi ne le serait-ce pas pour vous ?

Comme véhicule de l'offre, le relevé mensuel présente beaucoup d'avantages. Vous devez expédier de toute façon un état de compte à votre client. Vous le fidélisez avec cette offre insérée sans vraiment augmenter vos coûts postaux. Et si, de plus, vous offrez une option de crédit par versements échelonnés, vous vous assurez qu'il ne va pas acheter ailleurs la prochaine fois. Voici trois situations où des gens d'affaires ont utilisé le relevé mensuel.

- Une boutique d'informatique s'en est servi pour annoncer à ses clients que la nouvelle version d'un logiciel populaire serait offerte au cours du mois suivant, les invitant à profiter sans délai d'un prix spécial en réservant la nouvelle version ou la mise à jour. Les commandes ont été immédiates.

149

- Un marchand de meubles se sert du relevé mensuel pour gérer ses comptes-clients. Dès que le compte d'un client descend sous la barre des 250 $, il lui émet un bon lui garantissant un crédit immédiat de 1 000 $. Les clients se sentent privilégiés de recevoir ces insertions parce qu'à leurs yeux ces offres signifient que leur crédit est bon !

- Un fabricant de lampes s'en sert pour mieux gérer ses stocks. Chaque mois, avec les états de compte, il expédie à ses clients une liste des produits à prix réduits correspondant aux modèles en inventaire. En procédant de cette façon, il a réussi à doubler presque son taux de rotation des stocks.

LE CATALOGUE

Il s'agit du répertoire illustré de tous les articles que vous voulez vendre. Présenté la plupart du temps sous forme de brochure, le catalogue incorpore au centre ou sous les rabats de la couverture un bon de commande et un numéro 800 sans frais d'appel pour les commandes téléphoniques. Le problème fondamental du catalogue est qu'il ne vous permet pas de vous concentrer sur une offre précise... et il coûte cher.

Pour maximiser son efficacité, vous pouvez annoncer votre catalogue dans les journaux ou lancer un publipostage encourageant les clients potentiels à le demander. De cette manière, en ne l'expédiant qu'à ceux qui manifestent un certain intérêt, vous augmentez vos chances de rentabiliser votre investissement.

L'ACCROCHE

Une accroche, c'est un envoi ciblé qui ne cherche pas vraiment à provoquer l'action. Elle vise à attirer l'attention, à accrocher celui qui la reçoit. Peut-être vous demandez-vous pourquoi quelqu'un voudrait investir dans ce média, mais il y a des situations où l'accroche peut être utilisée de manière très rentable.

1. Contrer un concurrent.

Si vous savez que votre principal concurrent vient d'entreprendre une grande offensive publicitaire et que la vôtre ne sera prête que dans deux ou trois semaines, vous pouvez faire parvenir une accroche à vos clients actuels pour leur demander d'attendre votre offensive. L'accroche pourrait se lire comme ceci :

Le meilleur est à venir...

Nous avons hâte de vous voir ! Le (date), dès 9 h, nous vous présenterons notre 12e vente annuelle. Des aubaines à l'échelle du magasin ! Si vous avez l'intention d'acheter bientôt un téléviseur, patientez juste trois semaines. Vous ne le regretterez pas !

Le client qui recevra cette accroche sera beaucoup moins sensible aux arguments du concurrent. Elle est certes plus efficace avec une liste de fidélisation, mais vous pouvez tout aussi bien utiliser cette tactique avec une liste de conquête.

2. Préparer le lancement d'un nouveau produit.

Vous ferez de même si vous prévoyez lancer un produit révolutionnaire dans les prochaines semaines. De cette façon, vous créez l'attente et vous évitez que les clients potentiels achètent ailleurs.

3. Provoquer la fébrilité chez votre client.

Vous utiliserez également l'accroche pour préparer les clients à recevoir votre publipostage. C'est ce que, dans *L'Offre irrésistible*, Georges Vigny décrit en détail sous la rubrique « Auto-courrier anticipé (ACA) ». La logique qui sous-tend cet envoi est qu'en créant l'attente, vous rendez votre client potentiel plus réceptif à l'offre à venir. L'accroche pourrait se lire ainsi :

Que choisirez-vous ?

Un voyage en Europe ? Une croisière dans les Antilles ? Une nouvelle voiture ou un équipement complet audiovisuel pour la maison ? Surveillez votre courrier, car dans quelques jours, vous recevrez une offre qui ne se refuse pas.

Vous remarquerez que, dans les trois exemples qui précèdent, nous faisons des promesses aux clients. De leur côté, ils acceptent de nous attendre. Toutefois, assurez-vous que ce que vous leur offrirez soit à la hauteur des attentes que vous suscitez. Si vous utilisez par exemple la première accroche et que votre vente est somme toute banale, ils regretteront de ne pas être passés chez votre concurrent. Vous devez livrer ce que vous promettez !

L'ENVOI COOPÉRATIF

Il s'agit d'enveloppes dans lesquelles le consommateur trouve un ensemble d'offres différentes. Cela permet à chacune des entreprises participantes de diminuer les frais d'expédition et de rejoindre un plus grand nombre de personnes avec le même budget relativement limité.

Mais il y a le revers de la médaille : comme ces envois ne sont pas ciblés, il ne faut pas s'attendre à des merveilles du côté du taux de réponse. De plus, vous risquez de vous retrouver côte à côte avec un concurrent. Si vous choisissez d'utiliser ce média, exigez une exclusivité sectorielle et commencez par procéder à un test restreint.

De toute façon, n'utilisez l'envoi coopératif que si vous n'arrivez pas à dresser un profil type des clients susceptibles d'acheter votre produit.

LE CHAPITRE 8 EN UN COUP D'ŒIL

Les 9 étapes de la conception d'une publicité :

- le choix du média ;
- la prélecture des autres publicités ;
- la rédaction du titre ;
- la présentation des arguments ;
- la preuve de ses dires ;
- le goût de l'action ;
- le bon de commande ou le numéro 800 ;
- le test ;
- le placement média.

Les 6 autres utilisations de l'imprimé :

- l'insertion-revue ;
- le relevé mensuel ;
- le catalogue ;
- l'accroche ;
- l'envoi coopératif.

Les 3 occasions d'utiliser l'accroche :

- pour contrer un concurrent ;
- pour préparer le lancement d'un nouveau produit ;
- pour provoquer la fébrilité chez votre client.

LA TROISIÈME PARTIE EN ACTION !

1. Reprenez l'offre que vous avez définie à la fin de la deuxième partie et servez-vous du processus de présentation de l'offre schématisé à la figure 5.1 pour monter une présentation gagnante. Quand ce sera fait, répondez aux questions suivantes :

    • Quel facteur de motivation avez-vous utilisé ?

    _____

    • Pourquoi ce facteur de motivation sera-t-il efficace auprès de votre clientèle ?

    _____

    • Avez-vous oublié de demander
      la commande ?   ○ oui   ○ non
    • Avez-vous commencé autour du
      pôle client ?   ○ oui   ○ non
    • Tentiez-vous de vendre le produit
      ou l'offre ?   ○ produit ○ offre
    • Le langage que vous avez utilisé
      était-il approprié ?   ○ oui   ○ non

2. Quelle(s) composante(s) voulez-vous utiliser au moment de votre premier envoi ?

    _____

3. À qui pourriez-vous demander une lettre-témoignage ?

    _____

4. À combien de nouveaux clients êtes-vous en mesure de répondre chaque semaine sans nuire à la qualité du service que vous offrez à vos clients réguliers ?

    _____

5. Partez de l'offre que vous avez élaborée à la première question et concevez une publicité directe en utilisant les neuf étapes présentées à la fin du chapitre 8.

6. Présentez ce travail à quelqu'un en qui vous avez confiance et demandez-lui...

   • de résumer le message que vous souhaitez passer ;

   • de dire si votre produit correspond vraiment à ce que vous avancez dans votre publicité ;

   • de deviner à quelle publication vous destinez cette publicité.

7. Que pourriez-vous faire pour rendre cette publicité plus efficace ?

QUATRIÈME PARTIE

LES AUTRES MÉDIAS

Nous avons fait bien du chemin ensemble. Après avoir défini le marketing direct et présenté la manière de l'utiliser, nous avons établi la différence entre l'intention et l'offre. Nous avons ensuite étudié les deux types de listes de noms et vu comment chacune peut vous aider à atteindre vos objectifs.

Par la suite, nous nous sommes longuement arrêtés à l'imprimé. Après avoir décortiqué le processus de présentation de l'offre, nous avons examiné chacune des composantes de votre envoi, nous avons traité de design et de production et nous avons finalement abordé les diverses autres utilisations de l'imprimé.

Cependant, comme vous le savez sans doute, l'imprimé n'est pas le seul support possible d'une campagne de marketing direct. Les médias électroniques peuvent également servir de média principal ou de complément à une campagne utilisant l'imprimé. C'est précisément ce que cette quatrième partie va étudier.

Le chapitre 9 sera consacré au télémarketing, un média qui, par ses fonctions d'appui, peut transformer une campagne moyenne en un succès retentissant. Nous traiterons à la fois du télémarketing de réception et du télémarketing d'émission. Au chapitre 10, nous parlerons d'infomarketing, le marketing direct qui s'appuie sur la disquette informatique ou le CD-ROM. Nous aborderons alors l'info-pub, le catalogue informatique et le diagnostic assisté.

Enfin, le chapitre 11 sera consacré aux applications télévisuelles et à l'utilisation de la télécopie dans une campagne de marketing direct.

Nous ne reprendrons pas dans cette section le processus de présentation de l'offre, puisqu'il est le même avec les médias électroniques. Seules les différences seront évoquées.

9

Le télémarketing

JÉRÔME AU TRAVAIL

La vie de producteur n'est pas toujours facile et elle exige un moral de fer. Des semaines d'inactivité peuvent faire suite à des mois de travail intense. L'insécurité est telle qu'il est difficile de refuser des contrats quand ils se présentent et, en période d'abondance, il n'est pas rare de travailler sept jours par semaine, de l'aube à tard dans la nuit. C'est une de ces périodes que vivait Jérôme. Il s'affairait justement au montage d'une série de cassettes audio sur le marketing quand le téléphone sonna. Normalement, il n'aurait pas répondu. Mais comme il était passé huit heures, il se dit que ça pouvait être important et il décrocha :

« Oui, allô ?

– Bonsoir, très cher monsieur ! Ici Carole, des éditions Machins. J'ai de bonnes nouvelles pour vous ! Je sais que l'avenir de notre belle SIDAC centre-ville vous tient à cœur. On y trouve des milliers d'emplois, et elle contribue à la prospérité de notre municipalité. Que diriez-vous de faire votre part pour la SIDAC tout en économisant plus de 500 $? »

Jérôme savait à présent à quoi s'en tenir. On tentait de lui vendre quelque chose, peu lui importait quoi. Il aurait aussitôt répondu qu'il n'en voulait pas, mais la voix reprit de plus belle.

« Nous avons fait imprimer une quantité limitée de passeports SIDAC. Pour un montant forfaitaire de 50 $, montant qui couvre à peine les frais d'impression et de diffusion, vous obtiendrez un livret vous donnant droit à des économies dans presque tous les commerces du centre-ville. Le garage Marchesseault, à lui seul, vous offre un rabais de 10 $ sur sa mise au point, et le studio de bronzage TropicNord vous offre trois séances gratuites, une économie de 45 $. À eux seuls, ces deux marchands vous offrent plus que ne vous en coûte le passeport... »

Comment pouvait-elle parler aussi rapidement, sans jamais reprendre son souffle ? Quel genre de personne était au bout du fil ? Robocop ?

« Eh oui ! Plus de 500 $ d'aubaines pour la modique somme de 50 $. Vous vous demandez sûrement comment ça peut être possible. Comment peuvent-ils se le permettre ? La réponse est simple : les commerçants du centre-ville veulent vous servir. Ils savent que vous serez tellement satisfait que vous reviendrez par la suite... »

Ça y est ! Elle reprit son souffle. Il était temps d'intervenir tout en restant poli.

« Écou...

– Notre mode de diffusion est simple. Vous me donnez votre accord tout de suite, et quelqu'un passera chez vous d'ici une demi-heure afin de vous livrer votre passeport d'aubaines. Vous n'avez qu'à lui donner l'argent en espèces ou un chèque. Et ce n'est pas tout ! En faisant l'acquisition de ce passeport, vous vous qualifiez pour le

160

tirage qui aura lieu à la fin du mois prochain : un magnifique voyage en Grèce, d'une valeur de 4 500 $. Un voyage de 4 500 $ pour 50 $! Imaginez-vous en croisière dans les îles grecques, dégustant un souvlaki arrosé d'ouzo ou apprenant le sirtaki avec les gens qui l'ont inventé ! Jamais une promotion ne vous aura amené aussi loin. Et le plus beau, c'est que j'ai en main tous les renseignements pour vous faire livrer votre passeport tout de suite. Il ne me manque plus que vos nom et adresse. Qu'en dites-vous ? »

Il attendit un instant, craignant que son interlocutrice reparte sur une nouvelle tirade. Mais non, c'était bel et bien son tour.

« Je vous remercie, mais je n'en veux pas.

– Vous vous privez de centaines de dollars d'économies ! »

La voix était vexée. Il n'aimait pas vexer les gens.

« Laissez-moi y penser. Rappelez-moi demain.

– Je ne suis pas autorisée à rappeler les clients. C'est une promotion limitée. »

Il n'avait maintenant plus envie de ménager les susceptibilités. Avant de prononcer un « non » tonitruant, Jérôme se promit de faire un détour, le lendemain, pour acheter ailleurs qu'au centre-ville.

LE TÉLÉMARKETING, C'EST QUOI AU JUSTE ?

Si vous êtes comme une bonne partie de la population, le télémarketing évoque pour vous le téléphone qui sonne au beau milieu de votre téléroman favori, la voix qui, sous prétexte de faire un sondage, veut vous imposer une démonstration à domicile, ou les quatre voix qui se concurrencent pour pouvoir entretenir votre pelouse l'été prochain.

Pourtant, c'est un domaine beaucoup plus vaste, qui n'est pas exclusivement réservé aux importuns. Le télémarketing est la gestion par lien téléphonique de la relation avec les clients. Selon cette définition, tous ceux qui sont appelés dans votre entreprise à entrer en contact avec des clients par le biais du téléphone sont des représentants en télémarketing.

Ceux qui désirent étudier en détail tous les aspects du télémarketing pourront consulter les excellents ouvrages parus sur le sujet. Nous nous contenterons de décrire ici les grandes lignes des deux formes de télémarketing : le télémarketing de réception (« le client appelle, et je lui vends ») et le télémarketing d'émission (« je téléphone pour vendre »).

LE TÉLÉMARKETING DE RÉCEPTION

D'après vous, les consommateurs se servent-ils d'une ligne sans frais d'appel pour obtenir des renseignements sur un produit ou pour participer à un concours ? Quelques chiffres suffiront à vous convaincre. Il y a quelques années, les céréales Capitaine Crouche ont organisé un concours. Des cartes au trésor se trouvaient dans chaque boîte de céréales et les enfants, dès qu'ils y avaient localisé le trésor du capitaine, devaient appeler un numéro 800 pour vérifier s'ils possédaient la bonne carte. Les gagnants recevaient une bicyclette. En quatre mois, 24 millions d'appels ont été enregistrés, et la marque a vu sa part de marché croître de 33 %. Procter & Gamble, quant à elle, reçoit plus de 200 000 appels par année sur sa ligne d'information.

Les consommateurs aiment bien trouver un numéro de téléphone sur le produit qu'ils achètent ou dans la publicité qu'ils sont en train de lire. Pourquoi ? Pour deux raisons très simples.

1. C'est un signe de stabilité.

Si vous indiquez votre numéro de téléphone dans votre publipostage, on lui accordera plus de crédibilité que si vous n'y apposiez qu'un vague numéro de case postale.

Le téléphone est un outil de communication interactif et immédiat. Il constitue une première garantie de bon service si j'ai des problèmes avec votre produit.

2. C'est pratique pour commander un produit.

Le consommateur n'a pas toujours un timbre-poste dans la poche et n'est pas toujours près d'une boîte aux lettres. S'il dépose votre envoi sur la table du salon en se disant qu'il y répondra le lendemain, vous venez probablement de perdre une vente. Toutefois, s'il peut commander immédiatement par téléphone le produit offert, il y a de bonnes chances qu'il le fasse aussitôt parvenu au bout de sa lecture. L'appui téléphonique est très utile à une bonne campagne de marketing direct.

QUI RÉPONDRA AUX APPELS TÉLÉPHONIQUES ?

Le téléphone constitue le poste d'entrée dans plusieurs entreprises. On y met le petit nouveau ou la petite nouvelle en se disant qu'il ou qu'elle apprendra sur le tas. De toute façon, les autres sont bien contents de leur refiler cette tâche parce que c'est également par le téléphone qu'arrivent les plaintes. Dès lors, les clients qui appellent sont mis en contact avec quelqu'un qui ne sait pas de quoi il parle et, loin de renforcer leur confiance dans l'entreprise, ce contact peut produire l'effet contraire.

Que vous fassiez du marketing direct ou non, votre téléphone est un puissant outil de vente. Vous ne devriez jamais permettre qu'une personne non qualifiée en assume la responsabilité. En fait, vous ne devriez pas laisser à quelqu'un le soin de répondre aux clients s'il ne respecte pas cinq conditions.

1. Il doit être courtois.

Cet appel est souvent le premier contact du client avec votre établissement. C'est sur la qualité de cette communication qu'il évaluera votre entreprise. Que pensera-t-il s'il doit attendre cinq sonneries avant qu'on ne décroche ? Si on le met en attente sans le prévenir ? Si on le tutoie sans se gêner ? Ne confiez pas l'image de votre entreprise à des impolis.

2. Il doit se présenter.

Dès la première sonnerie, votre préposé au téléphone doit décrocher, nommer l'entreprise, puis s'identifier lui-même. Si le client s'identifie à son tour, votre préposé doit par la suite réutiliser ce nom en ajoutant *monsieur* ou *madame*. Le client qui se sent respecté et qui sait à qui il parle est rassuré. Ce contact lui confirme que s'il a des problèmes avec son acquisition, il trouvera une oreille attentive dans votre entreprise.

Exigez qu'à la suite d'une commande téléphonique votre préposé ajoute une phrase dans le genre : « Merci de votre commande. S'il advenait quoi que ce soit, n'hésitez pas à me contacter. Mon nom est (Untel). Demandez à me parler, et je m'occuperai de tout. » En utilisant une telle phrase de fermeture, vous venez renforcer l'idée que le client a fait un bon achat.

3. Il doit connaître l'entreprise et ses produits.

Votre préposé devrait savoir à n'importe quel moment et dans n'importe quelle situation vers qui diriger un appel. Si un client demande si tel produit est en stock, il ne sert à rien de le promener d'un service à l'autre dans l'espoir de finir par trouver quelqu'un qui sera au courant. De même, il ne faut pas déranger la direction si quelqu'un de qualifié dans l'entreprise peut régler le problème. Comment voulez-vous qu'un nouveau, à sa première journée de travail, puisse diriger les appels sans faire poireauter les clients au téléphone ?

4. Il doit être au courant des promotions en cours.

Si vous vous lancez à fond de train dans le marketing direct, vous aurez à segmenter votre marché. Certains clients recevront donc des offres que les autres n'auront pas vues. Si votre préposé ne peut déterminer rapidement, sur un terminal, quelle offre son correspondant a reçue, il ne pourra jamais faire du bon travail. Il dévoilera par mégarde les promotions faites aux autres segments de clientèle ou témoignera tout simplement de sa totale ignorance.

Imaginez la réaction du client qui s'est fait promettre une réduction de 20 % dans une lettre personnalisée et qui se fait dire par votre préposé qu'« il ne faut pas croire tout ce qu'on dit dans les publicités » ! (Si vous pensez que c'est une blague, sachez que j'ai assisté à la scène.)

5. Il doit savoir s'adapter aux différents types de clients.

Votre préposé ne doit pas être un robot qui repasse les mêmes arguments à tout le monde. Il doit savoir s'adapter à chaque style de client. Par exemple, chez General Electric, aux États-Unis, on apprend aux préposés à la réception d'appels à reconnaître la personnalité des clients et à agir en conséquence. La grille qui suit en donne les grandes lignes.

SE PRÉPARER AUX APPELS

La mise en place de vos activités de télémarketing ne se limite pas à sélectionner le bon personnel. Si vous voulez offrir à vos clients la possibilité de commander un produit ou un service par le biais du téléphone, vous aurez intérêt à vous doter d'instruments visant à rendre encore plus efficaces vos activités de réception d'appels. Voici les sept principaux instruments que vous utiliserez.

1. Une ligne téléphonique réservée

Disposer d'une ligne téléphonique spécifiquement réservée à vos activités de télémarketing offre plusieurs avantages. En premier lieu, vous saurez dès que la sonnerie retentit qu'il s'agit d'un appel lié à votre campagne et vous réagirez en conséquence. Ensuite, la ventilation des

Personnalité de l'appelant	Comportement du préposé à la réception d'appels
1. Direct, naturel	Efficace, confiant et professionnel.
2. Plaisant, ouvert	Plaisant, ouvert, amical, prêt à un peu de papotage.
3. Inquiet, nerveux	Rassurant, créant un sentiment de bien-être.
4. Confus, incertain	Patient, attentionné, prêt à clarifier tout ce qui est confus.
5. En colère, irascible	Énergique, positif et prêt à réagir.
6. En panique	Urgence dans la voix, proposant des gestes immédiats.
7. Sceptique, cynique	Rassurant, faisant preuve de sa compétence.

Tableau 9.1 Savoir s'adapter à chaque style de client
Adapté de *Successful Telemarketing*, Bob Stone et John Wyman, NTC Business Books, Illinois, 1992.

frais téléphoniques vous permettra de déterminer avec précision combien vous coûtent ces activités. Enfin, une ligne réservée évitera que des gens dans votre entreprise, qui ne sont pas nécessairement au courant de ces opérations, répondent à tort et à travers à des clients.

2. Des politiques en matière de courtoisie

Il ne suffit pas de demander aux gens de faire leur possible. Déterminez ce qui constitue une manière adéquate de répondre aux clients et écrivez un scénario ou une liste d'instructions qui permettront aux employés de s'y référer en cas de besoin. Vous pouvez même faire deux ou trois appels de vérification par semaine. Ces instructions devraient être affichées bien en vue près de l'appareil téléphonique.

3. Une liste FAQ (*Frequently Asked Questions*)

En informatique, FAQ désigne une liste des questions fréquemment posées (QFP). Votre personnel de télémarketing doit avoir à sa disposition, sur support papier ou informatique, une liste des questions les plus fréquemment posées ainsi qu'une réponse adéquate pour chacune d'elles. Quand un client appelle pour se renseigner en vue de passer une commande, il n'est évidemment pas indiqué de lui dire qu'on va le rappeler.

Dotez-vous également de mécanismes qui feront que toute question pour laquelle votre préposé n'aura pas de réponse sera notée et rapidement intégrée à votre liste FAQ. Les clients veulent être rassurés. S'ils ne trouvent pas immédiatement réponse à leur question, ils hésiteront à commander.

4. Une méthode simple de prise de commandes

Que le client appelle pour placer une commande ou demander à recevoir du matériel d'information, il ne suffit pas de prendre son nom sur un bout de papier en espérant que tout aille pour le mieux. En marketing direct comme en vente traditionnelle, le temps de réponse est important, et l'information, essentielle.

Dès qu'un client répond à votre offre, vous devez le faire sauter de la liste de prospection à la liste de fidélisation. Si possible, faites taper la prise de commande directement sur un terminal et intégrez tout de suite cette information à votre fichier principal. Vous éviterez d'avoir à recopier les renseignements, éliminant ainsi les risques d'erreur, et vous procéderez à une première mise à jour du dossier client.

Vos préposés doivent systématiquement demander quel média a produit l'achat. Un code sur vos envois (nous verrons cette méthode dans le chapitre 13) permet ce genre d'identification. Mais une commande téléphonique ne peut pas en avoir un. C'est pourquoi votre préposé doit demander par quel média son correspondant a été mis en contact avec votre offre. Vous pourrez ainsi monter une table des médias les plus rentables et affiner vos techniques.

De plus, votre prise de commande peut se terminer sur une question type, du genre « question de la semaine ». Si vous vous servez du télémarketing pour mener une étude de marché, c'est le moment de demander à votre client s'il a un magnétoscope, ou des enfants, ou le nom de son chien – s'il en a un. Cette information servira à mieux vous faire connaître votre marché et à enrichir votre liste de fidélisation. C'est la compilation des réponses à ce genre de questions qui vous permettra de personnaliser efficacement vos offres.

5. Un scénario de qualification

Si le client appelle pour se renseigner, votre préposé devrait disposer d'un questionnaire lui permettant de situer le client par rapport à l'information à communiquer. Il serait utile de savoir, par exemple, quel est son volume annuel d'achats ou encore le nombre d'employés dans son entreprise. Le but de ces questions est de déterminer s'il faut lui envoyer un simple dépliant, un envoi complet ou un représentant. Mieux le client se décrit, plus vous serez prêt à investir pour en faire un client régulier.

6. Une offre croisée

Vos préposés devraient avoir à leur disposition une ou deux offres croisées à combiner à l'achat de votre client. S'il commande votre chemise 86-332, il faudrait lui offrir la cravate 44-b, celle qui la rehausse si bien. Si le client commande *Ouvrez Vite !*, il faudrait lui offrir aussi *Survoltez votre entreprise !* ou *L'Offre irrésistible*, des ouvrages des mêmes auteurs. C'est le moment approprié, pendant que vous l'avez au téléphone et qu'il vous a donné son numéro de carte de crédit, de lui vendre un article supplémentaire.

7. Un quart de nuit

À mesure que vos opérations de télémarketing croîtront, vous devrez installer de nouveaux postes téléphoniques. Il deviendra nécessaire d'étendre les heures de travail, de vous adapter aux divers fuseaux horaires si vous étendez géographiquement vos activités et d'offrir peut-être un soutien 24 heures sur 24. Dans tous les cas, mettez-vous à la place du client : à quel moment de la journée auriez-vous appelé ? Assurez-vous qu'il y a quelqu'un au bout du fil à ce moment-là car, lui aussi, comme vous, ne rappellera peut-être pas deux fois.

LE TÉLÉMARKETING D'ÉMISSION

Le téléphone est un outil de communication personnelle, immédiate et interactive. Vous pouvez constamment changer, selon les réactions du client potentiel, vos arguments et le point sur lequel vous mettez l'accent. C'est donc un outil privilégié, dans la mesure où vous ne passez pas pour un importun qui sollicite n'importe qui, n'importe quand. Vous obtiendrez de bien meilleurs résultats si vous suivez les neuf conseils suivants.

1. Tenez le client potentiel au courant de votre appel.

Même s'il ne s'attend pas à votre coup de fil, le client ne doit pas être surpris par celui-ci. Les organismes de bienfaisance le savent bien. Ils font souvent précéder par un battage médiatique leur sollicitation téléphonique. Le donateur potentiel n'est pas surpris d'être contacté, alors que sans ce battage médiatique, il se serait probablement demandé si la campagne est légitime.

Il en va de même pour le financement d'un parti politique. N'appelez pas à froid. Si, 10 jours après avoir reçu une sollicitation écrite, le donateur potentiel ne s'est pas encore manifesté, ce sera le temps de lui téléphoner. Il y a de bonnes probabilités qu'il donne à ce moment-là.

De même, si vous tentez de renouveler l'abonnement d'un lecteur qui n'a pas réagi après deux sollicitations écrites, contactez-le par téléphone. S'il refuse toujours, ne perdez plus votre temps avec lui.

2. Contactez les personnes ayant un lien d'affaires avec vous.

Les chambres de commerce l'ont compris depuis long-temps : quand vient le temps de procéder à une sollici-tation, les personnes les mieux placées sont celles qui ont déjà une relation d'affaires avec la personne contactée.

De même, si vous avez une nouvelle gamme de produits à proposer, autant que possible, faites appeler l'acheteur par un vendeur qui le connaît bien. La résis-tance est moindre face à quelqu'un que l'on connaît.

3. Ciblez le groupe de personnes à contacter.

Vous allez démoraliser vos solliciteurs si vous les faites appeler au hasard. À quoi bon offrir de la moulée à des clients qui n'ont pas d'animaux favoris ? À quoi bon offrir une carte de membre à un club vidéo si votre correspon-dant est situé à l'autre bout de la ville et que cinq autres clubs vidéo l'entourent ? En agissant de la sorte, vous ne réussissez qu'à démobiliser vos ressources humaines.

4. Ne perdez pas votre temps avec les mauvais contacts.

Pourquoi faire perdre le temps de l'assistant si c'est au président que vous devez absolument parler ? Pourquoi déranger le directeur de la production si c'est le directeur du marketing qui aura le dernier mot ? Ne perdez pas votre temps avec des gens qui n'ont ni le pouvoir ni l'in-tention de prendre la décision requise. Découvrez les déci-deurs dans l'entreprise et attaquez-vous à ces personnes.

5. Appelez à une heure appropriée.

Si vous appelez des consommateurs à 22 h, vous devenez une nuisance, et votre offre, aussi intéressante soit-elle, ne sera même pas écoutée. En revanche, si vous appelez un président à 17 h 10, vous avez de bonnes chances de le joindre. À cette heure, l'assistant qui filtre normalement ses appels est rentré chez lui, et la voie est libre.

6. Appelez en prévision d'un événement.

Vous devez avoir une raison pour appeler un client. Autrement, écrivez-lui. Vous l'appelez parce que la promotion se termine ce samedi. Vous l'appelez parce que c'est aujourd'hui qu'a lieu le téléthon et que les bénévoles ne seront plus là demain. Vous l'appelez parce que le conseil d'administration vous a donné jusqu'à ce soir pour trouver cinq nouveaux membres. Vous l'appelez aujourd'hui parce que le spectacle bénéfice a lieu samedi et qu'on vous a dit que votre client accepterait probablement d'acheter un ou deux billets. Si vous appelez sans avoir de raison pour provoquer une décision immédiate, il ne se passera rigoureusement rien.

7. Compensez les absences prolongées de votre représentant.

Il devient de plus en plus fréquent de se passer d'un vendeur itinérant et de répartir les territoires à desservir entre les vendeurs qui restent. Cette approche semble fondée à l'heure de la rationalisation, mais elle a pour conséquence que les clients sont de moins en moins visités par leurs représentants.

Montez un scénario pour garder le contact avec ces clients. Demandez-leur s'ils ont des problèmes, s'ils sont en rupture de stock et s'ils ont des suggestions à formuler pour améliorer votre service. Ce genre de contact compense l'absence de votre représentant et permet de régler rapidement tout problème pouvant nuire à vos relations d'affaires. «Loin des yeux, loin du cœur», dit-on. C'est aussi vrai en affaires.

8. Restez conscient du facteur temps de votre représentant.

Il ne sert à rien de contacter des personnes en vue d'un spectacle bénéfice qui se tiendra dans six mois. Les gens seront incapables de s'engager, car il leur est impossible de connaître leur emploi du temps aussi longtemps à l'avance. Inversement, si vous les appelez la veille de l'événement, ils peuvent vous annoncer qu'ils sont déjà pris, et vous n'aurez aucun argument à ajouter pour forcer la vente. Avant le début de votre campagne, déterminez le moment le plus judicieux pour contacter votre clientèle cible.

Bien entendu, si vous découvrez que les gens doivent être contactés deux semaines avant l'événement et que vous avez 10 000 personnes à appeler, le seul choix qui vous reste est de recourir aux services d'une firme de télémarketing. Ces firmes peuvent effectuer vos 10 000 appels en moins de trois jours – et il en existe d'excellentes au Québec.

9. Ayez un scénario adaptable.

Contrairement à ce que vous pouvez penser, le scénario d'appel préparé à l'avance n'est pas un carcan. C'est un outil préventif : il vous évite le risque de négliger des aspects de votre offre qui peuvent être, à l'occasion, essentiels au déclenchement de l'action. Vos préposés doivent avoir à leur disposition un scénario d'appel qui les guide et leur permet de s'adapter à toutes les situations.

Mettez par écrit toutes les objections prévisibles des clients potentiels et préparez la bonne réponse pour chacune d'elles. Vous donnerez ainsi au préposé la possibilité de faire face au client le plus rébarbatif.

Vous pouvez, bien sûr, créer ces scénarios sur ordinateur. L'ordinateur a ceci de bon que le préposé verra apparaître la réponse appropriée selon ce qu'il vient

de pianoter sur son clavier. Toutefois, un système informatisé adéquat prend du temps à monter et n'est vraiment efficace que si vous l'avez bien rodé au préalable
sur papier. Mieux vaut un scénario efficace sur papier
qu'un scénario incomplet à l'écran.

TECHNOLOGIE ET RÉGLEMENTATION

Toujours permis aux États-Unis, l'usage des « composeurs » automatiques aux fins de sollicitation est interdit
au Canada. Vous pouvez continuer à les utiliser pour
mener des études de marché, des sondages ou pour vous
assurer de la satisfaction de la clientèle. Mais la sollicitation elle-même est rigoureusement interdite.

De plus, vous devez vous plier à la volonté d'un
client potentiel qui demande à être rayé de votre liste de
sollicitation. Sinon, vous risquez de faire face au Conseil
de la radiodiffusion et des télécommunications canadiennes (CRTC) et vous tombez sous le coup de la loi
québécoise sur la protection de la vie privée.

LE CHAPITRE 9 EN UN COUP D'ŒIL

Le télémarketing, c'est quoi au juste ?

Le télémarketing est la gestion par lien téléphonique de la relation avec les clients.

Les clients aiment voir votre numéro de téléphone sur vos produits et vos annonces...

- parce que c'est un signe de stabilité ;
- parce que c'est pratique pour commander.

Un bon préposé à la réception d'appels...

- doit être courtois ;
- doit se présenter ;
- doit connaître l'entreprise et ses produits ;
- doit être au courant des promotions en vigueur ;
- doit savoir s'adapter aux différents types de clients.

Les 7 principaux instruments de réception d'appel :

- une ligne téléphonique réservée ;
- des politiques en matière de courtoisie ;
- une liste des questions fréquemment posées ;
- une méthode simple de prise de commandes ;
- un scénario de qualification ;
- une offre croisée ;
- un quart de nuit.

9 conseils pour réussir en télémarketing d'émission :

- Tenez le client potentiel au courant de votre appel.
- Contactez les personnes ayant un lien d'affaires avec vous.
- Ciblez le groupe de personnes à contacter.
- Ne perdez pas votre temps avec les mauvais contacts.
- Appelez à une heure appropriée.
- Appelez en prévision d'un événement.
- Compensez les absences prolongées de votre représentant.
- Restez conscient du facteur temps de votre représentant.
- Ayez un scénario adaptable.

10

L'infomarketing

DENIS LEDOUX AU TRAVAIL

Denis Ledoux, vice-président marketing chez Imprimerie Ledoux inc., s'activait depuis plus d'une heure à son clavier. Il se redressa enfin, le sourire aux lèvres, et appuya une dernière fois sur la touche « Entrée ». Il venait de répondre à des questions sur l'entreprise, sur les gens qui en faisaient partie et sur la façon dont les affaires y étaient gérées.

Le voyant lumineux s'éclaira, indiquant que l'unité de disquettes était en fonction. Pendant ce temps, l'écran tourna au noir avant qu'une nouvelle fenêtre apparaisse et annonce : « Un instant s'il vous plaît. J'analyse vos réponses. »

Denis avait hâte de savoir où cela le mènerait. Cette annonce qui clamait « Diagnostiquez la gestion de votre entreprise familiale » avait piqué sa curiosité, d'autant plus que la disquette était gratuite ! Il avait téléphoné pour se renseigner et, ce matin même, il avait reçu l'objet de sa convoitise. Il était évident qu'on voulait lui vendre quelque chose, mais cette idée ne l'inquiétait pas.

Depuis un certain temps, ça allait mal dans l'entreprise familiale. Des groupes s'étaient formés autour de lui et de son frère Michel. La rentabilité en souffrait, mais leur père ne semblait pas vouloir s'en mêler. Denis était tombé sur l'annonce un jour où, justement, les tensions étaient difficilement supportables. Il était donc déterminé à faire les efforts nécessaires pour en savoir davantage sur les moyens de sauver l'entreprise.

Une nouvelle fenêtre apparut sur l'écran de son terminal : souhaitait-il voir apparaître le texte à l'écran ou le voir sortir de son imprimante ? Il choisit l'imprimante. Il montrerait le document à Madeleine, sa femme, ce soir en rentrant.

Pendant les deux minutes qui suivirent, le cliquetis infernal de l'imprimante – il faudrait la remplacer un jour ou l'autre – emplit le petit bureau. Il jetait régulièrement un coup d'œil sur le papier, et les mots qu'il y glanait pêle-mêle le comblaient d'aise. On y parlait de gestion des conflits, de philosophie d'entreprise, du travail des professionnels et de la gestion du personnel en entreprise familiale.

Aussitôt l'impression terminée, il détacha le papier, éteignit l'ordinateur et s'assit à son bureau. Il tira de son tiroir un surligneur et entreprit la lecture du précieux document, qui comportait en tout 10 points principaux. Sur trois d'entre eux, l'évaluation était bonne : il maîtrisait les concepts, et aucun problème n'était à signaler. Sur quatre autres points, il aurait intérêt à se renseigner, mais ses connaissances se situaient néanmoins dans la bonne moyenne.

Mais sur les trois derniers points (gestion des conflits, gestion des ressources humaines et confusion des rôles), le rapport concluait qu'il fallait agir, et vite !

Pour chacun de ceux-ci, une référence indiquait les pages d'un ouvrage portant sur la gestion des entreprises familiales et encourageait Denis à faire lire l'ouvrage aux membres de sa famille.

Finalement, à la dernière page du rapport était imprimé un bon de commande présentant le livre et sa table des matières. Denis tendit la main en direction du téléphone, composa le numéro 800 indiqué sur le bon de commande et demanda qu'on lui fasse parvenir le livre. Quelques minutes plus tard, il quittait l'imprimerie, son rapport sous le bras.

Madeleine serait heureuse de voir ce document. Depuis longtemps, elle disait que la situation était devenue intenable et lui suggérait même de quitter l'entreprise plutôt que de couler avec elle. Il venait d'accomplir un grand pas. Sous son bras se trouvait le diagnostic qu'il cherchait depuis des mois. Il commençait enfin à y voir clair.

L'INFOMARKETING

Au cours des dernières années, notre relation avec l'informatique s'est modifiée à mesure que diminuaient les frais d'acquisition, que s'améliorait la performance des logiciels et que se démocratisait l'accès à un ordinateur. Ces ressources ne sont plus réservées aux grandes entreprises. La micro-informatique est à votre portée, pour vous aider à vendre vos produits ou vos services.

L'infomarketing, c'est l'utilisation de la micro-informatique pour transmettre une offre à des clients. Mieux ces clients seront ciblés, plus la campagne sera efficace. Pour bénéficier de cette puissante forme de marketing, vous aurez besoin d'un ordinateur, d'un moniteur couleur, d'un numériseur (*scanner*), d'un logiciel de programmation (pour le diagnostic assisté seulement) et d'un logiciel pour la préparation de disquettes de présentation. Au moment d'écrire ces lignes, un ensemble de ce type coûte environ 4 000 $.

LES 3 MODES D'UTILISATION
DE L'INFOMARKETING

Dans la mise en situation présentée au chapitre 2, nous avons vu un chercheur d'emploi utiliser ce mode de marketing pour obtenir une entrevue. Nous venons de voir Denis Ledoux répondre à une série de questions qui l'ont mené à un diagnostic portant sur la gestion de l'entreprise familiale. Il y a, dans les faits, trois modes d'utilisation de l'infomarketing : l'infopub, le catalogue électronique et le diagnostic assisté.

L'*infopub*, c'est ce que notre chercheur d'emploi a utilisé pour se démarquer de la masse des CV qui encombraient le bureau de Nathalie. C'est la préparation, en fonction d'un public cible bien défini, d'une présentation vidéo sur disquette. Le client potentiel reçoit la disquette et l'insère dans son ordinateur pour assister à une présentation vivante avec fondus, enchaînés, gros plans et effets graphiques que ne pourrait rendre un imprimé.

Le *catalogue électronique*, c'est la numérisation de votre catalogue courant. Le client peut y consulter vos nouveautés, vérifier votre liste de prix et même commander directement à l'aide d'un modem. Le catalogue électronique peut également servir à fournir de l'information technique sur vos produits à vos marchands, afin de les aider à mieux les vendre.

Quant au *diagnostic assisté*, c'est la scène qui s'est déroulée tout à l'heure sur l'ordinateur de Denis Ledoux. Il s'agit d'une entrevue informatisée visant à déterminer en quoi le produit que vous offrez peut satisfaire les besoins spécifiques d'un client déterminé. C'est un outil interactif qui permet d'abord au client potentiel de cerner ses besoins et qui lui offre ensuite une réponse à ces besoins ainsi précisés. Des trois modes d'utilisation, c'est celui qui demande le plus de travail et le plus de savoir-faire informatique.

Dans les trois cas, la disquette peut être postée directement au client ciblé ou annoncée dans un journal

(« Évaluez votre gestion des ressources humaines ! Appelez immédiatement le 1 800 123-4567 sans frais et demandez notre disquette gratuite »). Une autre façon de procéder consiste à vendre cette disquette à un prix raisonnable et à créditer ce montant au moment de l'achat du produit offert. C'est à vous d'en décider, en fonction de votre analyse des pôles client et produit. Mais contrairement à l'envoi d'un imprimé, la disquette est souvent considérée comme un cadeau par celui qui la reçoit. D'autant plus qu'il peut la réutiliser quand il en a terminé avec votre message. À ce titre, c'est un outil de vente écologique. Vous pourriez trouver une façon de jouer sur cet avantage.

Dans les deux prochaines sections, nous traiterons des avantages et des inconvénients de l'infomarketing. À la fin de cet ouvrage, les plus férus d'informatique – que nous avons appelés les « ordinautes audacieux » – verront comment ont été réalisées les deux infopubs de la disquette qui accompagne cet ouvrage.

LES 6 AVANTAGES DE L'INFOMARKETING

1. Un très bon rapport qualité-prix

Une fois votre présentation montée, votre coût marginal par disquette ne dépassera pas un dollar. Quant à la présentation, elle prendra moins d'une journée à préparer une fois que vous aurez maîtrisé les logiciels. Si votre clientèle est très ciblée et que vous vous adressez à une centaine de clients seulement, l'infopub présente le meilleur rapport qualité-prix. Le coût d'un dépliant quatre couleurs, préparé pour la même centaine de clients, dépasserait facilement les 4 $ l'unité.

2. Un moyen de vous démarquer

Il est inhabituel, du moins jusqu'à présent, de recevoir des disquettes par la poste. Lorsque vous adressez une infopub à un client potentiel, vous vous démarquez du reste des annonceurs en faisant preuve d'esprit innovateur. Le diagnostic assisté, lui, peut vous faire passer du rang d'annonceur à celui de partenaire, du rang de vendeur de produits à celui de fournisseur de réponses. Il y a tout un monde entre ces deux définitions !

3. Un média irrésistible

Rares sont ceux qui mettent une disquette à la poubelle sans en avoir regardé le contenu. Dites-vous bien que si le client potentiel dispose d'un micro-ordinateur compatible, il jettera sûrement un coup d'œil à votre message.

4. Un média vivant

Une présentation graphique comporte des effets visuels, bouge continuellement et permet d'enchaîner les images au rythme d'un clip. Si elle est bien préparée, il sera difficile pour celui qui la regarde de ne pas se rendre jusqu'au bout. Il voudra connaître l'aboutissement, la nature de votre proposition et la manière dont vous vous y prendrez pour le pousser à l'action.

5. Un média interactif

Celui qui répond aux questions de votre diagnostic assisté n'est plus un simple spectateur ; il devient un participant actif et il vous aide à façonner les modalités de l'offre que vous lui ferez à la fin. Cette participation l'amène à s'identifier au processus, et il devient très réceptif à votre argumentation.

6. Un média qui permet la segmentation

Une présentation sur disquette peut contenir, selon le nombre de photos utilisées, près de 100 pages différentes. Ces pages peuvent être ordonnées de la façon dont vous le souhaitez et former 1, 2, 3 ou 20 présentations différentes, selon le public choisi et l'intention visée. Aucun autre média ne peut vous procurer la flexibilité de profiter d'un seul support adaptable à plusieurs groupes cibles. Par exemple, sur la disquette fournie avec ce livre, deux présentations différentes ont été montées pour deux publics cibles distincts. Pourtant, la moitié du contenu de chaque présentation se retrouve dans l'autre.

LES 3 INCONVÉNIENTS DE L'INFOMARKETING
1. La compatibilité

Nous avons connu, il y a quelques années, la guerre du Beta contre le VHS. C'est finalement le VHS qui l'a gagnée. Dans le domaine de la micro-informatique, la guerre continue toujours, et nous sommes loin de la compatibilité complète entre les marques dominantes. Si votre présentation roule sur IBM, elle ne sera pas accessible à ceux qui possèdent un Macintosh. Vous devrez donc faire des choix et tenter de savoir, avant la diffusion de votre infopub, quel type d'appareil possèdent majoritairement vos clients. Pour l'instant, la plate-forme grand public la plus populaire demeure IBM.

2. La disponibilité des ressources humaines

Si, dans votre entreprise, nul n'a encore appris à travailler avec un micro-ordinateur, votre défi est double. Non seulement devrez-vous apprendre à concevoir une campagne d'infomarketing, mais aussi à maîtriser l'informatique. Ce n'est pas une mince affaire !

Dans un tel cas, essayez de contourner le problème. Contactez votre cégep local pour voir si des étudiants en informatique ou en graphisme assisté par ordinateur pourraient, moyennant rétribution, concevoir votre infopub. La plupart du temps, vous trouverez la perle rare qui réalisera un véritable petit chef-d'œuvre.

3. Une diffusion limitée

Si vous vendez un produit grand public et que votre client n'est pas vraiment ciblé, le recours à l'infomarketing n'est pas vraiment approprié. Le taux de pénétration des micro-ordinateurs dans les foyers du Québec est d'environ 25 %. Vous risquez de frustrer les gens en leur faisant parvenir un média qu'ils ne pourront pas consulter. Tenez compte de ce critère quand viendra le temps de prendre une décision.

L'INFOMARKETING : 6 DERNIERS CONSEILS

1. Ne succombez pas aux charmes de la technologie.

Le multimédia présente bien des avantages. La musique stéréophonique ou ambiophonique est merveilleuse. Les animations roulant sur microprocesseurs accélérés sont superbes. Mais vos clients sont-ils équipés pour en bénéficier ? Concevez vos campagnes d'infomarketing en fonction de l'équipement courant de votre clientèle cible. Il n'y a rien de plus frustrant que de recevoir une disquette, même publicitaire, et de ne pas pouvoir l'utiliser.

2. Ne compressez pas votre infopub.

En informatique, il est possible de compresser le contenu d'une disquette pour y mettre plus d'information. Nous vous conseillons vivement de vous en abstenir car, pour lire votre infopub, le client potentiel devra l'installer sur son disque rigide. N'oubliez pas que c'est de la publicité que vous lui expédiez, c'est-à-dire un message qu'il voudra bien regarder avant de s'en débarrasser. Il refusera de l'installer sur son disque rigide.

3. Utilisez un moniteur couleur au moment de la conception.

Vous n'avez pas idée à quel point certains bleus ont tendance à couler sur les rouges. À quel point le jaune peut devenir illisible sur certains fonds. Ne montez pas vos infopubs sur un écran monochrome si elles doivent être ensuite regardées sur des écrans couleur. Le résultat peut être désastreux.

4. Testez !

Une faute de syntaxe aura le même effet négatif dans l'infopub que dans une publicité écrite. Faites relire votre travail, testez son efficacité et assurez-vous que votre disquette transmet le message que vous souhaitiez vraiment communiquer. Ne sautez jamais cette étape, car c'est la rétroaction de vos cobayes qui vous permettra de rendre votre présentation plus efficace.

5. Concevez chaque présentation pour un seul type de client.

Ne courez pas deux lièvres à la fois, dit le proverbe. Ce conseil s'applique également ici. Si vous n'en tenez pas compte, votre message perdra de son efficacité. Chaque infopub doit être conçue comme si vous vous adressiez à une seule personne.

6. Exercez-vous !

Vous n'êtes pas nécessairement un virtuose de l'ordinateur. Mais à l'exception du diagnostic assisté où vous devriez peut-être mandater un programmeur, les logiciels de présentation ne sont pas d'un apprentissage difficile. Avec un peu de pratique, l'infopub la plus compliquée ne vous prendra bientôt que quelques heures à préparer.

LE CHAPITRE 10 EN UN COUP D'ŒIL

Définition de l'infomarketing :

C'est l'utilisation de la micro-informatique dans le but de transmettre une offre à des clients.

Les 3 modes d'utilisation de l'infomarketing :

- l'infopub ;
- le catalogue électronique ;
- le diagnostic assisté.

Les 6 avantages de l'infomarketing :

- un très bon rapport qualité-prix ;
- un moyen de vous démarquer ;
- un média irrésistible ;
- un média vivant ;
- un média interactif ;
- un média qui permet la segmentation.

Les 3 inconvénients de l'infomarketing :

- la compatibilité ;
- la disponibilité des ressources humaines ;
- une diffusion limitée.

L'infomarketing : 6 derniers conseils

- Ne succombez pas aux charmes de la technologie.
- Ne compressez pas votre infopub.
- Utilisez un moniteur couleur au moment de la conception.
- Testez !
- Concevez chaque présentation pour un seul type de client.
- Exercez-vous !

11

Le télécopieur, la radio, la télé et la vidéocassette

LE FACTEUR N'A PLUS BESOIN DE SONNER

Marcel était très tendu. Il n'avait pas obtenu le moindre contrat depuis plus de trois semaines et, en arrivant ce matin au travail, il espérait avoir des nouvelles positives de l'une au moins des soumissions qu'il avait expédiées la semaine précédente. Un seul contrat et il bouclerait le mois !

Il laissa la porte du bureau se refermer derrière lui et sentit un frisson le parcourir. Le climatiseur de l'immeuble n'arrêtait pas durant la fin de semaine, et chaque lundi matin au retour, on avait l'impression d'entrer dans un réfrigérateur.

Il n'avait pas à consulter son agenda pour savoir qu'il n'avait rien au programme de toute la semaine. Il jeta un coup d'œil au répondeur. Le témoin d'appel n'était pas allumé. Il n'avait donc reçu aucun message. En revanche, plusieurs feuilles s'étaient accumulées sur le plateau du télécopieur. Le cœur battant, il se dirigea vers l'appareil et saisit les feuillets.

La première télécopie était sans importance. Un restaurant du quartier lui faisait part de son menu du midi pour les jours de la semaine. Il passa à l'autre feuille. La Chambre de commerce lui rappelait que le prochain déjeuner-causerie se tiendrait le vendredi sui-vant, à 12 h 30. En colère, il chiffonna les deux messages et émit deux ou trois jurons avant de prendre connais-sance du dernier feuillet. C'était la papeterie Durivage, qui lui rappelait que le papier pour fax était offert à prix réduit cette semaine et qu'il vaudrait mieux commander sans délai pour ne pas subir l'augmentation.

C'en était trop ! Marcel jeta le message sur son bureau, y inscrivit d'une écriture rageuse que, si on ces-sait de lui envoyer des cochonneries de ce genre, il n'au-rait pas besoin de tant de papier, et retransmit la page à la papeterie Durivage.

LES PRINCIPES DEMEURENT

Avec ce chapitre, nous terminons notre quatrième partie sur les autres médias, à savoir : la télécopie, la radio, la télévision et l'envoi de vidéocassette. Ce sont des médias exigeants et, pour en tirer le maximum de profit, vous devrez respecter les mêmes trois principes qui nous ont guidés jusqu'à présent.

Principe n° 1. Vous vous adressez à un seul client.
Même si vous utilisez la radio locale, ne pensez pas que tous les auditeurs sont des clients potentiels. Ne diluez pas votre message en cherchant à l'adresser à tous. Ce faisant, vous risquez de ne pas accrocher votre vrai client, celui qui a besoin de votre produit et qui se serait senti interpellé si vous aviez dirigé vos efforts de création vers lui.

Il en va de même pour le choix des médias. Si vous annoncez à la télévision, on tentera de vous vendre des publicités en rotation. Mais à quoi bon, si votre client ne regarde qu'une seule émission ? Que ferez-vous quand nous aurons 300 chaînes à notre disposition ? Annoncerez-vous partout ? Ce n'est pas le média qui doit vous guider, mais le comportement de ce client type que vous souhaitez atteindre.

Principe n° 2. Vous ne cherchez pas à imposer un produit. Celui qui s'entête à vendre un pantalon s'en tient au pôle produit et ne réussit pas à attirer l'attention. Ce que vous vendez, au-delà du produit, c'est une solution à un problème ou une réponse à un besoin. «Adieu les poches aux genoux et la corvée du repassage des plis chaque samedi!», «La prestance d'un jeune premier et l'assurance d'un décideur». Votre offre doit faire dire au client potentiel : «Quelqu'un, enfin, a trouvé la solution à mon problème!» C'est à ce moment seulement que vous réussirez à déclencher l'action.

Principe n° 3. C'est sur l'offre que doivent porter vos efforts. Vous avez 30 secondes à votre disposition. Ne tentez pas de passer plus d'un message, vous ne feriez que jeter la confusion dans les esprits. Si votre intention gravite autour d'un essai routier, ne tentez pas en même temps de vendre une automobile. Dites au client ce que vous attendez de lui et guidez-le dans la direction souhaitée.

LA TÉLÉCOPIE DE CONQUÊTE

Notre mise en situation au début de ce chapitre était éloquente. La télécopie de conquête, ou télécopie expédiée à des gens qui ne font pas encore affaire avec vous, est le média le plus irritant pour présenter votre offre. La plupart considèrent le télécopieur comme un de leurs outils de travail et veulent que toute publicité non sollicitée en soit bannie.

Déjà, aux États-Unis, cette forme de sollicitation a été interdite en Oregon, au Connecticut, en Floride et au Maryland. De nombreux autres États en ont réglementé l'utilisation. Au Canada, le Conseil de la radiodiffusion et des télécommunications canadiennes a imposé des normes strictes. Celui qui se dit harcelé par ces messages peut porter plainte si l'expéditeur ne tient pas compte de son souhait de ne plus en recevoir.

Mais il y a quand même des cas où la télécopie de conquête sera rentable. Pour y parvenir, elle devra respecter les trois conseils suivants.

1. Elle contiendra un encadré d'annulation.

Donnez sur toutes vos télécopies de conquête la possibilité à ces clients potentiels de se faire retirer de votre liste d'envoi. Un petit encadré, tel que celui-ci, suffira.

Si vous souhaitez que votre nom soit retiré de notre liste d'envoi, veuillez cocher la case ci-dessous et nous transmettre cette feuille au télécopieur n° 123-4567. Merci.

___ Je ne veux plus recevoir de sollicitation par télécopieur.

Nom de la compagnie :

_____

Adresse :

_____

Code postal : _____

Télécopieur : _____

Nom de la personne responsable :

_____

Date : _____

Signature : _____

Si le client potentiel ne manifeste pas le souhait de faire retirer son nom de votre liste, vous pouvez légitimement continuer à lui faire parvenir vos offres télécopiées. Si, au contraire, il fait retirer son nom, vous vous retrouvez avec les coordonnées complètes d'une entreprise et le nom de la personne responsable, renseignements très utiles pour un envoi postal ultérieur.

2. Elle présentera un « aspect affaires ».

De par sa nature, la télécopie de conquête est principalement destinée aux entreprises. À ce jour, le nombre de particuliers qui possèdent un télécopieur n'est pas suffisant pour procéder à une offensive de masse. Lorsque vous faites de tels envois, rappelez-vous que vous êtes censé formuler des propositions d'affaires.

Évitez tout ce qui ressemble à une de ces banales publicités de circulaires de fin de semaine. Le client jettera probablement votre message sans même le lire. Votre défi est d'amener la personne qui reçoit votre communication à prendre le temps de la lire de peur de rater quelque chose d'important. Concevez-la comme une lettre d'affaires. Elle doit se lire rapidement. Allez droit au but, en respectant toutefois le processus de présentation de l'offre. Vous indiquez ainsi que vous respectez le temps précieux de votre lecteur.

3. Elle sera hautement ciblée.

Ne faites pas d'envoi à l'aveuglette. Si vous n'êtes pas certain que votre offre sera bien reçue dans l'entreprise, abstenez-vous. Pourquoi détruire votre crédibilité en choisissant mal ceux qui recevront votre offre ? Visez juste.

Ne croyez surtout pas que le respect de ces règles réduirait l'effet de vos télécopies de conquête. Au contraire. Il y a tellement d'entreprises qui envoient n'importe quoi à n'importe qui que vous paraîtrez professionnel et digne de confiance en suivant ces principes.

LA TÉLÉCOPIE DE FIDÉLISATION

La télécopie de fidélisation, c'est-à-dire la télécopie utilisée pour communiquer une offre à des clients faisant déjà affaire chez vous, peut facilement devenir un outil de premier plan dans vos stratégies commerciales. Aucune comparaison possible avec la télécopie de conquête !

Pour maximiser l'effet de la télécopie de fidélisation, suivez les cinq conseils suivants.

1. Ayez quelque chose à dire.

Ça paraît évident, mais si vous n'avez rien à dire, ne communiquez pas ! N'expédiez pas des télécopies à tout moment, sous n'importe quel prétexte. Vous finirez par lasser votre clientèle, et vos communications aboutiront au panier, comme s'il s'agissait de télécopies de conquête. Votre message doit être clair et suivre les règles de la rédaction d'une lettre de vente.

2. Mentionnez l'urgence.

L'urgence est inhérente à ce média. Si votre propos est de présenter votre promotion du mois prochain, servez-vous plutôt de la poste. La communication par télécopieur est immédiate, utilisez-la pour déclencher l'action immédiate. S'il ne vous reste plus en stock que 50 exemplaires d'un article, oui, vous avez dans le télécopieur l'outil idéal pour le claironner : « Plus que 50 en inventaire ! Prochaine livraison dans 2 mois. Réservez immédiatement ! »

3. Nommez le destinataire.

C'est la meilleure façon de voir votre message atterrir sur le bureau de votre client réel. Qui prendra une décision après avoir considéré votre offre ? Avez-vous son nom ? N'hésitez pas à appeler l'entreprise pour demander qui est le responsable du service en question et adressez-vous nommément à lui. Un envoi anonyme risque de rester anonyme... Et, surtout, évitez les « À qui de droit » ou « À l'acheteur ».

4. Utilisez le télémarketing.

C'est la meilleure façon de rendre votre télécopie de fidéli-sation efficace. Téléphonez au responsable dans l'entre-prise et parlez-lui brièvement de votre promotion en expli-quant qu'il recevra les détails par télécopieur, la journée même. En agissant de la sorte, vous vous assurez que votre message sera lu. Comme vous avez pris le temps de lui téléphoner au préalable, le client potentiel suppose qu'il ne recevra pas une simple publicité.

5. Soyez bref.

Rappelez-vous qu'il s'agit de communications d'affaires et que votre correspondant a d'autres chats à fouetter. Il doit savoir rapidement si ce que vous lui offrez l'inté-resse. Allez droit au but et communiquez l'essentiel de votre message dans les six premières lignes. Ayez con-science qu'il ne s'agit pas d'une chasse au trésor. Si, après une bonne demi-page, le lecteur ignore toujours ce que vous souhaitez lui dire, il se débarrassera de votre message. Vous courez en outre le risque qu'il ne se donne même pas la peine de lire votre prochaine transmission.

LA RADIO

En marketing direct, la radio est surtout utilisée pour pro-duire des listes de prospects. Vous matraquez, par exemple, l'avantage de parler une seconde langue et vous annoncez aux auditeurs qu'ils pourront recevoir une cassette audio gratuite en composant sans frais le 1 800 123-4567.

En produisant ce genre de matériel, restez con-centré sur l'offre et surtout, n'hésitez pas à vous répéter. Les gens n'ont pas la possibilité, comme dans un publi-postage, de reprendre leur lecture depuis le début pour s'assurer qu'ils ont bien compris.

Faites des phrases courtes, gardez l'accent sur l'offre spécifique et répétez à plusieurs reprises com-ment ils peuvent se prévaloir de cette offre. Finalement, assurez-vous que votre message est diffusé aux heures d'écoute probable de votre client cible.

LA TÉLÉVISION

Le petit écran est probablement le plus puissant des instruments de communication. Les politiciens, les environnementalistes et tous les groupes de pression l'ont compris depuis longtemps. Mais qu'en est-il de son efficacité en matière de marketing direct ?

Rappelons qu'il y a trois façons de faire du marketing direct avec la télévision : l'infomercial, la chaîne de téléachat et la promotion du numéro d'appel combiné à la carte de crédit.

L'infomercial, c'est de la publicité déguisée en émission d'information. Ayant pour but initial d'informer, on fait défiler à l'écran des personnes qui ont utilisé le produit X et s'en déclarent satisfaites, des spécialistes qui expliquent en quoi et jusqu'à quel point le produit X est merveilleux, et un animateur qui se charge des enchaînements, expliquant régulièrement comment le téléspectateur peut, lui aussi, bénéficier du produit X s'il compose immédiatement le numéro affiché au bas de l'écran.

La chose qu'il faut retenir lorsqu'on conçoit un infomercial, c'est que le téléspectateur peut le syntoniser à n'importe quel moment de son déroulement. Il faut donc constamment rappeler ce que l'on vend, comment ce produit ou ce service peut rapporter et surtout, comment on peut se le procurer sans délai.

Les infomerciaux sont désormais permis sur les ondes canadiennes. D'ailleurs, depuis le 1er novembre 1995, une chaîne se consacre exclusivement à la diffusion d'infomercieux en tout genre. Au moment d'aller sous presse, aucune statistique n'a encore été communiquée quant au nombre d'achats qu'on y a enregistrés, mais nous savons que les achats canadiens faits auprès d'entreprises américaines utilisant des infomerciaux sans restriction d'heure de diffusion sont estimés à plus de 100 000 000 $.

Si vous décidez de vous lancer dans l'infomercial, consultez un spécialiste. Un producteur ou une agence qui en a déjà produit sera en mesure de vous aider à concevoir un informercial qui rapporte. Les téléspectateurs sont très exigeants, et on ne leur passe pas n'importe quoi, même s'il est six heures du matin!

La deuxième façon de profiter de la télévision est la chaîne de téléachat. Cette pratique n'est pas encore développée dans nos marchés, mais l'accès prochain à l'autoroute électronique ne manquera pas de transformer rapidement nos habitudes de communications interactives.

La troisième façon d'appliquer les techniques de marketing direct à la télévision est l'offre par numéro 800 combiné à la carte de crédit. Cette publicité, d'une conception relativement traditionnelle, vante pendant 30 ou 60 secondes un produit ou un service et vous encourage à passer immédiatement votre commande grâce à un numéro 800 affiché à l'écran.

Si l'utilisation d'un tel média vous intéresse, nous ne vous donnerons qu'un conseil : consultez des spécialistes. En matière d'investissement, la différence n'est pas grande entre une publicité qui va rapporter et une autre qui échouera lamentablement. Mettez toutes les chances de votre côté et entourez-vous de personnes qui ont déjà produit une publicité que vous avez appréciée.

LES P.I. (*PER INQUIRY*)

Si votre publicité est bien faite, qu'elle est bien ciblée et qu'elle a de bonnes chances de connaître le succès, certaines stations de télévision et certains postes de radio accepteront peut-être de vous offrir une diffusion P.I. (*Per Inquiry*, c'est-à-dire par demande de renseignement). Cette expression veut dire en clair que vous ne paierez qu'en fonction du nombre d'appels ou de commandes obtenus.

Certaines stations remplissent ainsi leurs cases publicitaires invendues. Il vous sera d'autant plus facile de conclure de tels arrangements que vous serez prêt à verser un montant plus élevé par vente. Toutefois, le point faible d'un accord P.I. est qu'en étant diffusée au cours des cases horaires invendues, votre publicité ne sera pas nécessairement en ondes lorsque votre client potentiel sera à l'écoute. Pour être efficace, une telle entente suppose qu'une véritable complicité s'installe entre le représentant de la station et vous-même.

LA VIDÉOCASSETTE

La vidéocassette offre plusieurs avantages. D'une part, elle combine la force de l'image, de la musique et de la narration ; en même temps, elle libère le client potentiel des contraintes de la grille d'horaires. Il peut ainsi visionner votre message quand ça lui plaira et le nombre de fois qu'il le désirera.

Vous pouvez vous servir de cet outil de marketing tout autant pour solliciter de nouveaux clients que pour vous adresser à vos clients actuels. Pour trouver de nouveaux clients, vous pouvez faire produire une vidéocassette qui servira strictement à vendre votre produit. Une fois ce matériel produit, vos publicités viseront à susciter la demande pour votre vidéocassette. Il s'agira d'une vente en trois temps.

Il faut d'abord susciter chez le client potentiel l'action de demander la cassette. Ensuite, une fois qu'il aura complété son visionnage, ce client potentiel doit décider s'il passe une commande ou non. Si oui, la vente est terminée. Mais s'il omet de le faire, un de vos vendeurs le contacte au téléphone et lui demande s'il souhaite commander le produit offert. Si le client accepte, le processus de la vente est bouclé. S'il refuse, il est encore temps de lui poser quelques questions destinées à affiner vos arguments de vente pour la prochaine fois.

Vous pouvez également faire réaliser une vidéocassette destinée à votre clientèle régulière. Par exemple, si vous souhaitez que vos clients adoptent votre nouvelle

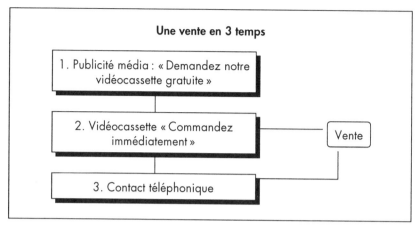

Figure 11.1 Une vente en 3 temps

gamme de produits ou de services, produisez un scénario où on voit des clients représentatifs émettant le souhait que telle ou telle modification soit apportée au produit ou au service. Annoncez alors que vous êtes constamment à l'écoute de vos consommateurs et que votre nouvelle ligne répond précisément aux exigences formulées par vos clients. Terminez en recommandant à votre client détaillant d'appeler immédiatement pour que votre représentant aille le rencontrer.

Au moment de la réalisation de votre vidéo, exigez que les personnages utilisent votre produit ou aient recours à vos services. Présentez des commentaires de satisfaction de clients réels et n'hésitez pas à laisser ces clients raconter des anecdotes en leurs propres mots. Vos clients s'y reconnaîtront ou reconnaîtront leurs propres clients.

Le message doit présenter un juste équilibre entre le pôle client et le pôle produit. Que l'animateur soit filmé en studio importe peu si le reste de la production donne l'impression d'avoir été croqué sur le vif. En d'autres termes, vos clients satisfaits ne doivent pas avoir l'air de comédiens embauchés pour l'occasion !

Finalement, le même conseil s'applique ici comme à toutes les productions télévisuelles : ayez recours à des spécialistes, à des gens qui ont déjà travaillé en vidéo et qui connaissent l'art du montage, du découpage, de l'éclairage et de la scénarisation. Ce serait bien dommage de passer pour un amateur maladroit à cause d'une production déficiente et mal conçue.

LE CHAPITRE 11 EN UN COUP D'ŒIL

Les 3 principes :

- Vous vous adressez à un seul client.
- Vous ne cherchez pas à imposer un produit.
- C'est sur l'offre que doivent porter vos efforts.

La télécopie de conquête...

- est destinée à un client potentiel ;
- contient un encadré d'annulation ;
- présente un « aspect affaires » ;
- est hautement ciblée.

La télécopie de fidélisation...

- est destinée à des clients réguliers ;
- a quelque chose à annoncer ;
- mentionne l'urgence d'agir ;
- nomme son destinataire ;
- est renforcée par le télémarketing ;
- est brève.

La radio :

En marketing direct, elle est essentiellement utilisée pour produire des listes de prospects.

Les 3 applications de la télévision :

- l'infomercial ;
- la chaîne de téléachat ;
- le numéro 800 (sans frais d'appel) combiné à la carte de crédit.

Qu'est-ce qu'un accord P.I. (*Per Inquiry*) ?

C'est une publicité que vous ne payez pas directement. Vous versez plutôt un montant prédéterminé par vente ou par demande de renseignement qu'elle suscitera.

La vidéocassette

C'est un outil qui peut servir tout autant pour solliciter de nouveaux clients – par une vente en trois temps – que pour rejoindre les clients actuels.

LA QUATRIÈME PARTIE EN ACTION !

1. Demandez à un ami d'appeler votre entreprise afin de se renseigner sur une promotion en cours. Demandez-lui de feindre le scepticisme. Votre préposé...

   - est-il courtois ?   ○ oui   ○ non
   - prend-il le temps de se nommer ?   ○ oui   ○ non
   - semble-t-il connaître l'entreprise et ses produits ?   ○ oui   ○ non
   - connaît-il bien la promotion courante ?   ○ oui   ○ non
   - sait-il s'adapter à ce genre de client ?   ○ oui   ○ non

2. Recommencez l'expérience avec un concurrent. Comment vous évaluez-vous ?

   _____

   _____

   _____

3. Étudiez votre méthode pour prendre des commandes. Pourriez-vous, à la lumière du chapitre 9, la simplifier et la rendre plus efficace ? Comment ?

   _____

   _____

   _____

4. Avez-vous trouvé une application d'infomarketing dans votre entreprise ? ○ oui   ○ non

   - Laquelle ?
     - L'infopub _____
     - Le catalogue électronique _____
     - Le diagnostic assisté _____

5. Y a-t-il quelqu'un dans votre entreprise qui a le potentiel de devenir votre infopubliciste ?

○ oui   ○ non

_____

_____

6. Votre cégep local peut-il vous fournir les ressources nécessaires ?

○ oui   ○ non

• Sinon, pourriez-vous prendre des cours spécialisés ?

_____

7. À la lumière du chapitre 11, comment pourriez-vous améliorer la conception de vos télécopies de fidélisation ?

_____

_____

_____

8. Analysez vos dernières télécopies de conquête. Comment les jugez-vous à présent ?

_____

_____

_____

CINQUIÈME PARTIE

LES OUTILS (SUITE ET FIN)

La table de l'offre et les listes de noms sont loin derrière nous. Nous maîtrisons déjà ces deux outils qui nous permettent d'élaborer des approches de marketing direct efficaces et de présenter la bonne offre au bon client potentiel.

Il sera dorénavant question de logistique, et les outils dont nous traiterons sont destinés à vous assister dans la planification de vos campagnes.

Le chapitre 12 traitera du compte à rebours de votre campagne de marketing direct. Il vous proposera des grilles de vérification afin de vous aider à planifier avec succès le lancement de votre campagne. Il traitera également de la nécessité d'aborder ce défi en équipe.

Le chapitre 13 étudiera plus en détail les différents tests dont nous avons déjà parlé et montrera comment les utiliser. Dans une démarche systématique propre au marketing direct, nous présenterons les tests à effectuer avant, pendant et après la campagne. L'objectif poursuivi est de maximiser le rendement de chaque dollar investi.

Finalement, le chapitre 14 portera sur vos responsabilités d'annonceur. Il traitera d'éthique, de convenance et de réglementation. Vous souhaitez vendre davantage, et non vous retrouver au banc des accusés, devant l'Office de la protection du consommateur.

12

Le compte à rebours de votre campagne

UNE TÊTE DOIT TOMBER

C'était probablement la première fois en 10 ans qu'une rencontre du comité de direction se tenait sans beignes ni café. L'atmosphère était lourde, et chacun évitait le regard des autres. Le directeur général fixa le début de la rencontre à 10 h, mais à 10 h 18, Samuel n'était toujours pas arrivé. À 10 h 25, n'en pouvant plus d'attendre, le directeur général fit signe aux autres (Gabriel, Danielle et Caroline) de s'asseoir. La rencontre débuterait sans lui.

Le dg parla en premier :

« Bon. Voici la situation telle que je la comprends. Si je suis dans l'erreur, et j'espère que je le suis, n'hésitez pas à m'interrompre. Nous avons décidé, il y a six mois, de lancer une énorme campagne de marketing direct. Nous souhaitions à la fois trouver de nouveaux clients et susciter de nouveaux achats chez nos clients réguliers. J'ai fait accepter les crédits nécessaires par la présidence et je vous ai chargés de...

– Excusez-moi, mais ce n'est pas tout à fait ça. Je regrette qu'il ne soit pas là, mais c'est à Samuel que vous avez confié cette tâche. Vous semblez dire que nous étions tous responsables du projet.

– Mais bien sûr que vous étiez tous responsables ! Dans mon esprit, Samuel agissait à titre de coordonnateur. Laissez-moi continuer... »

Pendant de longues minutes, le dg raconta la saga des six derniers mois, rappelant les nombreux incidents qui avaient ralenti le projet ou l'avaient carrément contrecarré. Tous gardaient la tête basse ou griffonnaient des notes.

« Vous savez combien d'argent a été englouti dans l'aventure. Vous qui êtes censés être des gens intelligents, pouvez-vous me dire pourquoi, après six mois, je me retrouve avec 250 000 envois en entrepôt, des envois qui vantent une promotion qui se terminait la semaine dernière ! Quelqu'un peut-il m'expliquer pourquoi ces envois n'ont pas été effectués ? »

Après hésitation, Caroline tenta une réponse : « C'est à cause du produit que nous avons placé sur le premier panneau du dépliant.

– Ça veut dire quoi, en bon français ?

– Cet article n'est plus offert. Notre fournisseur ne le produit plus.

– Et personne n'a jugé bon d'en vérifier la disponibilité *avant* d'imprimer le dépliant ?

– Non. J'ai... Je travaillais sur autre chose de très urgent le jour où c'est allé sous presse. »

Le dg soupira bruyamment.

« Je rencontre le président demain matin, et ce projet est à l'ordre du jour. Laissez-moi vous dire qu'une tête va tomber. Je ne sais pas laquelle, mais je ne porterai pas moi-même l'odieux de cet échec! Reste à savoir qui écopera.

– Pourquoi pas Samuel? Après tout, c'était lui le coordonnateur.

– Ce n'est pas si simple... Qui devait vérifier la disponibilité du produit manquant? Qui a signé les épreuves de l'imprimeur tout en se doutant que les envois ne seraient jamais expédiés? Qui a sciemment nui au projet en amputant le budget de publicité? Et finalement, qui a prétendument passé toute une semaine à négocier la location d'une liste de noms?»

Tous se regardaient en silence. Le dg venait de les pointer du doigt l'un après l'autre. Le projet était un échec total pour la simple raison que personne n'y avait cru. Chacun avait continué, depuis six mois, à faire son travail routinier sans se sentir vraiment concerné par le projet d'envoi postal. À présent, ils allaient tous en payer le prix.

«La réunion est terminée. Vous aurez des nouvelles d'ici à demain après-midi.»

UN PROJET D'ÉQUIPE

Un plan de campagne de marketing direct est comme une chorégraphie dont la beauté et l'efficacité dépendent des gestes synchronisés de tous les participants. Si un danseur manque son entrée, l'enthousiasme des spectateurs tombe, même si ce danseur ne campe qu'un rôle mineur.

Votre campagne, quelle qu'en soit l'ampleur, doit être considérée comme importante par tous les membres de votre entreprise. Chacun doit se sentir concerné. Prévoyez des rencontres tout au long de la mise sur pied de la campagne et assurez-vous que tous sont informés de son déroulement. Ne permettez pas que s'installe une attitude d'indifférence ou de désengagement psychologique. Lorsque cela se produit, c'est la tour de Babel: l'approvisionnement ne tient pas compte de ce qui sera annoncé, la location de la liste n'est pas faite en fonction du profil type de votre clientèle, et l'envoi atteint le client potentiel après les dates limites inscrites dans le matériel promotionnel. Il doit être clair, même si vous mandatez un coordonnateur qui jouera les agents de liaison, que tous sont responsables de la réussite du projet.

Ce chapitre vous présente le cheminement type d'un projet de marketing direct dans une PME. Vous y trouverez probablement plus d'éléments qu'il ne vous en faut. Selon la nature de votre plan, retenez ceux dont vous pensez avoir besoin et élaborez l'approche d'équipe nécessaire pour les implanter.

Ne gardez pas vos idées pour vous-même. Sortez de votre coquille, faites lire ce livre à vos collaborateurs et à vos collaboratrices et demandez-leur de vous faire part de leurs commentaires. Écoutez les idées qu'ils vous soumettront avant de vous lancer à la conquête de nouveaux clients.

LE CHEMINEMENT, ÉTAPE PAR ÉTAPE

Le tableau 12.1 présente, en 20 étapes, le cheminement d'une campagne type de marketing direct. En expliquant chacun de ces points, nous rappellerons où nous en avons traité dans cet ouvrage. Les étapes varieront évidemment selon votre campagne particulière, les médias que vous utiliserez et votre propre expérience du marketing direct.

Pour ce qui est des instruments d'évaluation, nous les nommerons à mesure, mais c'est au prochain chapitre que ces divers tests seront présentés en détail.

1. Établissement du profil de vos clients

C'est le deuxième outil que nous avons déterminé dans le chapitre 3. Si vous ne connaissez pas bien votre client, la présentation de votre offre sera déficiente. Vous éprouverez de la difficulté à déterminer à qui doit être

Le cheminement type d'un projet de marketing direct :

1. établissement du profil de vos clients ;
2. conversion de votre produit en avantages ;
3. définition de votre intention ;
4. analyse des publipostages de vos concurrents ;
5. définition de votre offre ;
6. efficacité possible du marketing direct pour cette offre ;
7. choix des médias ;
8. établissement d'un budget ;
9. planification de la campagne ;
10. sélection et uniformisation de la liste ;
11. rédaction du matériel ;
12. rencontre avec un conseiller de la Société canadienne des postes ;
13. impression du matériel ;
14. diagnostic interne ;
15. envoi aux premiers clients ;
16. analyse des premiers résultats ;
17. planification de l'échéancier d'expédition ;
18. gestion de la campagne ;
19. constitution de votre fichier de fidélisation ;
20. test de confirmation de votre envoi de contrôle.

Tableau 12.1 Le cheminement type d'un projet de marketing direct

faite telle offre plutôt que telle autre. Le risque, dans ce cas-là, est que vous finissiez par présenter la même offre à tout le monde, alors qu'elle aurait dû être adressée seulement à un segment spécifique.

Commencez dès aujourd'hui à dresser un profil type de votre clientèle et efforcez-vous d'enrichir constamment votre fichier-clients. C'est dans la mesure où ce fichier est à jour que vous pourrez maximiser l'effet de votre offre.

2. Conversion de votre produit en avantages

C'est le premier outil que nous avons détaillé dans le chapitre 3. Pensez bénéfices et avantages plutôt que produit et emballage. La question ne consiste pas à savoir comment vendre votre produit ou votre service, mais bien *pourquoi* quelqu'un y aurait recours, pour satisfaire *quel* besoin. La clé d'une offre irrésistible réside dans cette conversion de votre article en avantages pour le client potentiel.

3. Définition de votre intention

Notre troisième outil était clair : définir le but de la campagne ! Souhaitez-vous vendre de nouveau à vos clients actuels ? Ou vendre à de nouveaux clients ? Monter une liste de clients potentiels ? Déterminer les arguments de vente les plus percutants ? Si vous n'arrivez pas à définir votre intention, laissez tomber la campagne immédiatement. Avec toutes les décisions qui vous attendent, vous iriez irrémédiablement au-devant d'un désastre.

4. Analyse des publipostages de vos concurrents

À présent, vous vous sentez prêt à mettre au point votre offre. Vous connaissez votre client, vous savez quels avantages représente votre produit ou service, mais pourquoi ne pas profiter de l'expérience accumulée par vos concurrents ? Décortiquez leurs offres et découvrez les facteurs de motivation qu'ils emploient pour attirer l'attention. Si une publicité est utilisée depuis longtemps sans modification essentielle, c'est qu'elle véhicule un message efficace.

5. Définition de votre offre

Votre offre dépendra de l'interaction entre le pôle produit et le pôle client. Utilisez la table de l'offre – notre quatrième outil – pour la définir. Une fois l'offre définie, demandez-vous si elle est vendable par marketing direct, si elle constitue une étape logique vers votre intention et si elle comporte une motivation susceptible de provoquer l'action.

6. Efficacité possible du marketing direct pour cette offre

Même si, au point précédent, vous avez répondu que votre offre était vendable par le biais du marketing direct, cette solution est-elle la plus indiquée ? Si elle s'adresse à tout le monde et peut potentiellement déclencher l'achat grâce à une simple publicité traditionnelle, il est encore temps de vous raviser. La question est de savoir si, pour vendre, il faut segmenter le marché visé. Moins votre clientèle est ciblée, plus la publicité de masse s'impose. Si vous n'êtes pas capable de cibler avec précision le segment que vous souhaitez rejoindre, vous ne pourrez pas rentabiliser l'énorme budget nécessaire par client potentiel joint. Dans ce cas, tournez-vous vers la publicité traditionnelle.

7. Choix des médias

Nous avons déjà évalué ensemble les principaux médias que sont l'imprimé sous toutes ses formes, le télémarketing, la radio, le journal, les magazines, la télécopie, la télévision et la vidéocassette. Vous devez choisir à présent lequel vous utiliserez pour votre campagne. Ne perdez pas de vue que la combinaison de certains médias renforce l'effet de votre offre.

- Vous avez opté pour le télémarketing et vous comptez vous adresser à des clients qui résident à l'extérieur de votre région. Avez-vous pensé à faire installer une ligne 800 ?
- Vous voulez fournir à vos clients des enveloppes préaffranchies. Avez-vous contacté un représentant de la Société canadienne des postes pour vous renseigner sur le coût et les modalités d'utilisation des permis d'affranchissement ?

8. Établissement d'un budget

Voici la minute de vérité : vous allez déterminer votre budget pour l'ensemble de votre campagne. C'est ce budget qui décidera de l'ampleur de la campagne (nombre d'envois, nombre de parutions, etc.) et qui vous guidera tout au long de la préparation. Le tableau 12.2 dresse à titre indicatif la liste des éléments dont vous devez tenir compte, selon les médias utilisés. Cette liste n'est évidemment pas exhaustive, mais en revanche, certains des articles qui y figurent ne s'appliqueront pas à votre cas.

Ne vous lancez jamais en campagne sans disposer d'un budget bien précis, à défaut de quoi vous dépenserez sans compter au début et rognerez vers la fin, ce qui n'est pas une forme rationnelle de gestion. Sachez à tout moment où vous vous situez.

9. Planification de la campagne

Quand votre campagne débutera-t-elle ? Quelle est la date limite pour répondre à votre envoi ? Quelle est l'échéance de l'imprimeur pour que vous puissiez expédier dans les délais le matériel à vos clients ? Dans la mise en situation au début de ce chapitre, la compagnie se retrouve avec 250 000 envois en entrepôt, qui ont été reçus après la fin officielle de la campagne : ne manquez surtout pas de tenir compte du temps nécessaire à la conception, à la location des listes et à l'impression de votre matériel. Vérifiez également votre inventaire et les ressources nécessaires pour répondre à la demande dès le lancement de la campagne. Si votre offre gravite autour d'une consultation gratuite mais que vous disposez seulement de trois conseillers, n'expédiez pas 24 000 envois la première semaine !

10. Sélection et uniformisation de la liste

Le choix de la liste est critique. Il vous faut absolument un profil de votre client type. C'est sur cette base que le représentant de la firme de location de listes va trouver celle qui correspond le plus possible à votre cible. Mais rien ni personne ne pourront vous en assurer l'efficacité.

Quelques éléments budgétaires à envisager

Rédaction du texte de vente : _____

Création du graphisme et de la présentation de l'envoi : _____

Photos et illustrations (achat de droits ou assignation) : _____

Coût unitaire pour :

– l'enveloppe : _____

– la lettre : _____

– le dépliant : _____

– le bon de commande : _____

– l'enveloppe-réponse : _____

– le message spécial : _____

– la lettre de témoignage : _____

– l'envoi intégré : _____

– la carte postale : _____

– le certificat : _____

– le gadget : _____

Préparation du prêt-à-photographier pour une publicité-revue : _____

Coût unitaire d'une parution dans le journal retenu : (Format : _____) _____

Coût unitaire d'une parution dans le magazine retenu : (Format : _____) _____

Impression des encarts : _____

Coût d'insertion : _____

Coût des catalogues : _____

Coût de conception et d'impression des accroches : _____

Coût de la participation à un envoi coopératif : _____

Coût mensuel d'une ligne 800 : _____

Coût de réception de chaque appel sur la ligne 800 : _____

Coût d'émission de chaque appel : _____

Coûts de programmation et de production :

– du catalogue électronique _____

– de l'infopub _____

– du diagnostic assisté _____

Coûts de production reliés à la télévision ou à la vidéocassette :
_____

Coûts de diffusion : _____

Coût de diffusion des publicités radio : _____

Coût de location de la liste : _____

Frais de poste pour l'envoi des publipostages : _____

Frais de poste pour la réception des enveloppes-réponses préaffranchies :
_____

Coûts fixes à l'interne pour la gestion de la campagne : _____

Autres coûts : _____

Total : _____

Tableau 12.2 Quelques éléments budgétaires à envisager

Ne serait-il pas plus sage de procéder à un test portant sur une petite quantité de noms ? Ou encore, de tester deux listes en vue de choisir la plus rentable ? Il est tout aussi important que vous testiez également votre liste si vous l'avez vous-même compilée.

11. Rédaction du matériel

Vous disposez à présent d'une liste de noms loués correspondant le plus possible au profil de votre client type. C'est en ayant cette personne à l'esprit que vous vous mettez à rédiger votre matériel. Mais qui vous dit que vous êtes la personne qualifiée pour cette tâche ? Pourquoi ne feriez-vous pas appel à un professionnel en écriture créative ?

Ne commettez pas l'erreur d'attendre que les épreuves reviennent de chez l'imprimeur pour évaluer la force de persuasion de votre offre ! Soumettez le plus tôt possible votre matériel à la grille de vérification suivante.

Grille de vérification du matériel écrit

Avez-vous fait une offre ?

Est-elle facile à comprendre ?

Avez-vous demandé la commande ?

Avez-vous commencé par le pôle client ?

Vous êtes-vous concentré sur l'offre plutôt que sur le produit ?

Avez-vous utilisé le langage de votre client ?

Vous adressez-vous à un seul client ?

Votre lettre de vente a-t-elle une allure informelle ?

Avez-vous suivi le processus de présentation de l'offre ?

Vos paragraphes sont-ils courts ?

Vos pages se terminent-elles par des points de suspension ?

Avez-vous joué sur le facteur temps ?

Votre texte se lit-il bien à haute voix ?

Avez-vous terminé en disant aux clients ce qu'ils doivent faire ?

Avez-vous utilisé un post-scriptum ?

Avez-vous incorporé de l'information privilégiée ?

Toutes les pièces présentent-elles votre offre et votre identification ?

Votre lettre de témoignage a-t-elle l'air authentique ?

Les premières lignes sont-elles suffisamment accrocheuses ?

Avez-vous facilité la prise de décision en mentionnant l'usage de cartes de crédit et d'un numéro 800 ?

Avez-vous mentionné votre garantie sur la lettre, le dépliant et le bon de commande ?

Avez-vous fait lire votre envoi par quelqu'un qui ne travaille pas chez vous ?

Si votre matériel passe le test, continuez votre cheminement. Sinon, pas d'indulgence : reprenez – ou faites reprendre – la rédaction.

Tableau 12.3 Grille de vérification du matériel écrit

12. Rencontre avec un conseiller de la Société canadienne des postes

Votre matériel est maintenant rédigé, et vous voilà à la recherche d'un imprimeur, si, bien sûr, vous ne disposez pas de vos propres presses. Demandez que la soumission soit accompagnée d'un envoi en blanc. C'est cette maquette que vous présenterez au bureau de poste pour connaître les frais d'expédition. Si votre envoi est trop lourd ou trop volumineux, vous avez encore le temps d'en réviser le contenu et ainsi d'éviter de dépasser vos prévisions budgétaires.

13. Impression du matériel

L'imprimeur retenu va alors produire une épreuve, que vous devrez approuver et signer avant l'impression. Utilisez la grille de vérification du tableau 12.4 pour l'approbation.

Grille de vérification des épreuves

Le graphisme attire-t-il l'attention plus que le message ?

L'orthographe est-elle irréprochable ?

Y a-t-il abus dans l'utilisation des polices de caractère ?

Y a-t-il abus dans l'utilisation des faces des caractères ?

Y a-t-il de longues phrases écrites en majuscules ?

Le texte est-il enroulé autour des images ?

Les couleurs rendent-elles la lecture difficile ?

Les photos utilisées montrent-elles des personnes ?

Les légendes sous les photos ou les images mentionnent-elles le nom du photographe ?

L'emplacement des divers éléments pourrait-il provoquer la confusion ?

La lettre a-t-elle une allure informelle ?

Votre adresse est-elle correctement inscrite ?

Votre numéro de téléphone est-il correctement mentionné ?

Si vous utilisez une date limite, est-elle raisonnable ou devrait-elle être repoussée ? Évaluez ce dernier point à la lumière du point suivant.

Tableau 12.4 Grille de vérification des épreuves

Si vous ordonnez à l'imprimeur la responsabilité de plier, d'identifier les envois et de faire les insertions dans les enveloppes porteuses, profitez-en pour vous faire confirmer la date de livraison.

14. Diagnostic interne

Même si ce point se trouve en quatorzième position, le diagnostic interne constitue un processus continu. Vous devez l'effectuer avant, pendant et après la campagne.

Il s'agit d'évaluer si vous êtes en mesure de faire face à la demande, de déterminer le nombre de nouveaux clients que vous pouvez traiter par jour ou par semaine, de vérifier si votre personnel est apte à assurer un service de télémarketing efficace. Peut-être serait-il bon d'organiser une séance formelle de mise en situation avant que ne débute la campagne.

15. Envoi aux premiers clients

Nous supposons dans ce scénario que votre envoi en nombre porte sur une quantité considérable. Vous êtes à l'étape de l'expédition. N'y allez pas massivement. Expédiez un premier envoi limité en nombre pour évaluer ce que sera le taux de réponse global de la clientèle cible. Prenez garde de ne pas concentrer cet envoi dans une seule région. Efforcez-vous d'atteindre des clients potentiels dans tout le territoire à desservir et sélectionnez ceux-ci en fonction de leur représentativité.

Voilà, c'est parti! Attendez les premiers résultats.

16. Analyse des premiers résultats

Ces résultats vous donneront une idée précise du taux de réponse auquel vous pouvez vous attendre au moment d'un envoi en nombre. Ils vous indiqueront aussi le nombre optimal d'envois que vous devriez effectuer par semaine pour ne pas excéder votre capacité de traitement des commandes.

Soyez attentif aux réactions des clients. Allez au-devant de leurs commentaires en contactant, quelques jours après l'envoi, trois ou quatre clients pour leur demander leur impression générale. Cette microrecherche vous aidera à affiner vos techniques.

17. Planification de l'échéancier d'expédition

Vous êtes maintenant en mesure de planifier votre expédition d'envois et le traitement des commandes pour satisfaire vos clients. Votre volume de croisière ira en augmentant à mesure que vous roderez la structure mise en place. N'oubliez pas que, dans l'intervalle, vous allez mettre au point de nouveaux envois destinés à *retenir* ces nouveaux clients.

18. Gestion de la campagne

Pendant toute la campagne, vous testerez différents éléments, et les résultats de ces tests vous aideront à rendre votre entreprise plus efficace et plus apte à fidéliser votre clientèle. Nous traiterons de ces tests dans le chapitre suivant.

19. Constitution de votre fichier de fidélisation

À mesure que vos nouveaux clients réagiront favorablement à votre offre, vous les intégrerez à votre fichier de fidélisation. N'hésitez pas à améliorer ce fichier si de nouveaux critères de sélection apparaissent. Dès ce moment, vos activités de marketing direct se dérouleront le long de deux lignes directrices : la conquête de nouveaux clients et la fidélisation des clients réguliers.

20. Test de confirmation de votre envoi de contrôle

L'envoi dit de « contrôle », qui vous sert à interpréter vos tests, est un envoi que vous utilisez durant toute la campagne parce que son efficacité a été prouvée. À mesure que vous analyserez les résultats de vos tests, vous tenterez d'améliorer la rentabilité de votre envoi de contrôle. Les modifications appropriées seront bien évidemment déterminées par les résultats de ces tests.

LE CHAPITRE 12 EN UN COUP D'ŒIL

Votre cheminement en 20 étapes :

1. établissement du profil de vos clients ;
2. conversion de votre produit en avantages ;
3. définition de votre intention ;
4. analyse des publipostages de vos concurrents ;
5. définition de votre offre ;
6. efficacité possible du marketing direct pour cette offre ;
7. choix des médias ;
8. établissement d'un budget ;
9. planification de la campagne ;
10. sélection et uniformisation de la liste ;
11. rédaction du matériel ;
12. rencontre avec un conseiller de la Société canadienne des postes ;
13. impression du matériel ;
14. diagnostic interne ;
15. envoi aux premiers clients ;
16. analyse des premiers résultats ;
17. planification de l'échéancier d'expédition ;
18. gestion de la campagne ;
19. constitution de votre fichier de fidélisation ;
20. test de confirmation de votre envoi de contrôle.

N'ayez pas peur d'innover !

Ce cheminement vous est fourni à titre purement indicatif. N'hésitez pas à y déroger, compte tenu des médias que vous utilisez, du profil précis de vos clients et de la nature du produit ou du service que vous offrez.

13

Les outils d'évaluation (avant, pendant et après la campagne)

FARMACO INC., PRISE 2

L'air plutôt satisfait, Sylvain jeta un coup d'œil à sa montre : 12 h 55. À peine 20 minutes que la rencontre avait débuté et déjà, il sentait que tout serait rapidement réglé. L'obstination et la perplexité, qui caractérisaient jusqu'à tout récemment l'attitude des participants à ces rencontres de travail, avaient disparu. C'est donc avec confiance qu'il présenta la synthèse de la réunion :

« Bon, résumons-nous. Il nous reste deux mois pour préparer notre campagne annuelle de vente anniversaire. Ce serait facile de répartir les budgets, mais la direction nous a demandé de diminuer notre budget publicitaire de 25 %. Quelqu'un a-t-il une solution à proposer ?

– C'est simple. Jetons un coup d'œil au rapport d'activités de l'an dernier et retirons du budget les médias qui ont eu une contribution marginale. Qu'en penses-tu, Caroline ? »

Caroline fouillait déjà dans sa serviette pour en sortir le dossier de l'an dernier.

« Ce ne sera pas long. Ah ! Voici ! Je vais retranscrire les chiffres au tableau.

– Et surtout, prends ton écriture du dimanche ! »

La campagne de l'an dernier fut un succès, mais la pression d'une féroce concurrence grignotait les marges bénéficiaires. Il fallait bien se plier aux exigences budgétaires de la haute direction. Jasmine sembla préoccupée :

« Il ne faudrait surtout pas diminuer là où ça rapporte ! Comprenez bien que je ne m'élève pas contre ces compressions, mais si nous ne disposons pas de toute l'information dont nous avons besoin, il nous faudra agir avec une très grande prudence. »

Caroline termina la retranscription de son tableau :

« Voici. Ce tableau est basé sur le rapport de performance préparé à la suite de la campagne de l'an dernier. La première partie, c'est-à-dire la moitié du haut, indique la provenance des coupons de participation qui ont été déposés dans les boîtes de tirage de nos succursales. La seconde partie, en bas, présente les résultats d'un sondage effectué au même moment auprès de la clientèle.

« Ces données sont incomplètes parce que ce tableau ne tient pas compte des clients qui ont acheté sans avoir déposé de coupons ou qui ne sont pas sensibles à la publicité.

– Oui, mais ce n'est pas pour eux que nous annonçons ! De toute façon, regarde un peu les différences dans les coûts par coupon déposé. Je suggère de ne plus

Médias	Nombre de coupons déposés	Coût par coupon déposé
Journal n° 1	43 233	0,88 $
Journal n° 2	126	128,70 $
Journal n° 3	120 065	0,23 $
Revue grand public	395	12,15 $
Notre circulaire	88 000	0,65 $
Si je suis passé acheter ici, c'est parce que :		Réponse en %
• j'achète toujours ici		23 %
• j'ai vu votre annonce à la télé		8 %
• j'ai vu votre annonce dans le journal		29 %
• j'ai reçu votre circulaire		27 %
• j'ai entendu votre message à la radio AM		5 %
• j'ai entendu votre message à la radio FM		8 %

Tableau 13.1 Rapport de performance

utiliser les médias qui n'ont pas été remarqués par nos clients et ceux dont les coûts par réponse sont trop élevés. Nous pourrions arriver à réduire nos dépenses sans difficulté. Qu'en pensez-vous ? »

Une heure plus tard, le budget publicitaire était préparé. Il ne restait plus qu'à démarrer la campagne et à tenter d'améliorer les résultats de l'année précédente. Tous avaient le sourire aux lèvres, et Sylvain était confiant que cette campagne serait un succès.

APPRENDRE À MESURER

Vous souvenez-vous de la mise en situation du premier chapitre? La différence entre la valse-hésitation du début et la ferme assurance de cette « prise 2 » est due à un seul facteur : Sylvain, Caroline et Jasmine ont appris à mesurer les résultats. La campagne n'est plus vue comme un

Nature du test	À quel moment de la campagne faut-il effectuer le test ?		
	Avant	Pendant	Après
1. Tester deux listes	X	–	–
2. Tester deux offres	X	–	–
3. Tester le télémarketing de réception	X	X	X
4. Tester la provenance des réponses	–	X	X
5. Tester les contacts client-entreprise	–	X	X
6. Vérifier les retours de listes	–	X	–
7. Tester la même offre dans deux médias	X	X	–
8. Tester deux offres dans un même média	X	X	–
9. Calculer le rendement	–	–	X
10. Tester un contrôle de substitution	–	X	–

Tableau 13.2 Nature et séquence des tests

ensemble indistinct de dépenses. Les résultats de chaque média sont analysés, et ceux qui ne sont pas rentables sont les premiers à être abandonnés. Il y a fort à parier que le rendement de l'investissement publicitaire de Farmaco inc. sera encore meilleur cette année.

Nous avons évoqué à plusieurs reprises divers types de tests qui peuvent être effectués tout au long de votre campagne. Le tableau 13.2 présente en un coup d'œil ceux que nous verrons dans les pages qui suivent.

Ce sont là quelques-uns des tests qui peuvent être effectués au cours d'une même campagne. Vous n'êtes certainement pas tenu de les entreprendre tous. Un test a de la valeur dans la mesure où vous pouvez utiliser ses résultats. Ce chapitre vous aidera à déterminer vos besoins et à monter les tests qui vous concernent.

Test n° 1. Tester deux listes.

En marketing direct plus qu'ailleurs, l'échec peut être désastreux. Si, par exemple, vous louez la mauvaise liste de noms ou si vous compilez une liste à partir d'anciens annuaires téléphoniques, vous risquez d'investir des sommes considérables en matériel et en frais de poste pour des clients qui ne sont pas intéressés du tout ou qui ont déménagé.

Pour éviter ces erreurs coûteuses, faites un envoi limité à un échantillon de noms de chacune des deux listes. Ce test vous permettra d'en évaluer l'efficacité respective, selon le nombre de réponses que chacune aura entraînées. Vous choisirez ainsi la plus rentable des deux listes testées.

Test n° 2. Tester deux offres.

Comment choisir entre deux offres ? Laissez vos clients potentiels en décider ! Faites parvenir l'offre A à un petit échantillon d'un millier de clients potentiels et l'offre B à un autre échantillon de même taille. Vous adopterez pour votre campagne la plus efficace des deux offres, selon les réponses obtenues.

- **Variante.** Vous pouvez utiliser les tests 1 et 2 en une seule opération. Vous faites parvenir l'offre A à une moitié des noms de la liste X, et l'autre moitié à la liste Y. Vous procédez de la même façon avec l'offre B. Les réponses reçues vous permettront de dresser un tableau semblable à celui-ci :

Réponses reçues	Liste X	Liste Y
Offre A	30 réponses	70 réponses
Offre B	90 réponses	230 réponses

223

Pas d'hésitation possible : vous utiliserez donc l'offre B et la liste Y.

D'une part, ces tests vous permettent d'évaluer le taux de réponse de votre envoi et de monter votre échéancier d'expédition en conséquence ; d'autre part, ils vous aident à maximiser le rendement de votre investissement.

Dans certains cas, des tests peuvent être remplacés par des groupes de discussion – les fameux *focus groups* – où les participants sont invités à définir l'offre idéale qu'ils aimeraient recevoir. L'idée de départ est que le dernier mot revient au client.

Test n° 3. Tester le télémarketing de réception.

À quoi bon faire un publipostage, annoncer dans un journal ou à la télévision et susciter des commandes téléphoniques si votre télémarketing de réception est inefficace ? Ce troisième test a pour but de vous assurer qu'en appelant pour passer une commande ou même porter plainte, le client gardera un bon souvenir de son contact avec votre entreprise.

Il est souhaitable d'effectuer ce test aussi bien avant que pendant et après votre campagne. Dans les faits, il s'agit d'éviter qu'un préposé incompétent ne vienne gâcher, en bout de piste, tous vos efforts. Demandez à quelqu'un d'appeler régulièrement pour commander quelque chose ou pour porter plainte. Préparez une grille d'évaluation et notez le préposé sur des points tels la courtoisie, le ton employé, le professionnalisme et l'aptitude à résoudre les problèmes. Reprenez l'exercice à différents moments de la journée pour être sûr de tester tout le monde.

Test no 4. Tester la provenance des réponses.

Supposons que vous fassiez parvenir la même offre à des clients potentiels sélectionnés sur plusieurs listes différentes. Comment ferez-vous pour déterminer la provenance exacte de chaque réponse, s'il s'agit du même publipostage ? Comment ferez-vous pour reconnaître la meilleure ou la pire de ces listes ? Rassurez-vous. On peut procéder de diverses façons.

- **Par le coupon-réponse.** Vous ferez imprimer sur chaque lot de coupons-réponses un code différent. Les préposés à la réception des commandes seront ainsi en mesure de déterminer leur provenance sur une base quotidienne.

- **Par le télémarketing de réception.** Votre préposé au télémarketing de réception doit demander, une fois la commande passée, quel média a déclenché l'achat chez ce nouveau client.

- **Par l'étiquette autocollante ou la personnalisation.** Si, pour faciliter la commande, vous avez apposé sur le bon une étiquette d'identification du client, il suffit de faire imprimer sur cette étiquette un code correspondant à la liste d'envoi utilisée.

Il est essentiel de déterminer la provenance des réponses. C'est ce test qui vous permettra de viser plus juste la prochaine fois et d'améliorer vos taux de réponse, campagne après campagne. Retournez à la mise en situation du début de chapitre et jetez un coup d'œil au tableau présenté par Caroline. La différence de rendement entre les journaux fait sauter le coût d'un coupon déposé de 0,23 $ à 128,70 $! Si Farmaco n'avait pas mené ce test, ses dirigeants auraient fort probablement continué d'annoncer dans le journal n° 2, portant ainsi atteinte au rendement global de la campagne.

Test n° 5. Tester les points de contact.

Votre objectif constant est de faire passer les clients potentiels de votre liste de conquête à votre liste de fidélisation. Pour ce faire, vous devez vous assurer qu'ils sont pleinement satisfaits de leurs relations d'affaires avec vous. Rien de mieux qu'un sondage expédié à intervalles réguliers pour prendre le pouls de votre clientèle.

Dressez la liste de tous les points de contact que peut avoir un client avec votre entreprise. Commencez par la réception de votre publipostage ou la lecture de votre publicité dans le journal et continuez jusqu'à la réception de son colis, le traitement de sa plainte ou le système de facturation.

Quand ce relevé sera prêt, utilisez ces éléments pour préparer un questionnaire que vous enverrez chaque mois à un certain nombre de clients. Ce test poursuit quatre objectifs.

1. Rendre votre organisation plus efficace.

Si beaucoup de personnes qui ont répondu se plaignent des délais de livraison, vous saurez où investir en priorité pour améliorer le taux de satisfaction. La meilleure façon de rendre votre entreprise plus efficace est de consulter constamment vos clients. C'est du degré d'efficacité d'une entreprise que dépend sa capacité à produire de nouvelles ventes.

2. Enrichir votre fichier-clients.

Ces sondages vous offrent aussi l'occasion de poser des questions en vue d'enrichir votre fichier-clients. Le fait d'être consulté prédispose votre client à répondre. Il serait utile de connaître le nombre d'enfants dans la maison, le genre de produits financiers consommés, la date de renouvellement de l'assurance-auto, les projets de vacances d'été, etc.

3. Trouver de nouvelles idées.

Consultez vos clients afin de déterminer les produits ou les services complémentaires qu'ils aimeraient se voir offrir. Soyez très attentif à leurs réponses parce qu'elles indiquent la direction générale de votre marché et vous montrent comment en profiter.

4. Communiquer à votre personnel l'indice de satisfaction de la clientèle.

Vous pouvez compiler ces sondages et en sortir un indice général mensuel de satisfaction. Vous montrerez ainsi à votre personnel que la satisfaction de la clientèle vous tient à cœur et vous les encouragerez ainsi à agir en conséquence. Mois après mois, vos employés s'efforceront d'améliorer cet indice et, ce faisant, ils fidéliseront davantage – ou plus rapidement – votre clientèle.

Test n° 6. Vérifier les retours de listes.

Certaines listes sont moins efficaces que d'autres. Étant mises à jour moins fréquemment, elles comportent plus de mauvaises adresses. Il est pour le moins frustrant de voir un envoi qui vous a coûté approximativement 1,80 $ revenir tout chiffonné avec la mention « adresse inexistante ».

Conservez un registre des envois qui vous sont retournés parce que l'adresse est inexistante ou que le client a déménagé. Consignez le nombre de retours, le numéro de la liste et l'identification du fournisseur. Ce test vous aidera dorénavant à mieux gérer votre sélection de liste. Si une grande majorité des retours est imputable au même fournisseur, vous saurez qu'il faut cesser de faire affaire avec lui. Vous pourriez certes réclamer des crédits pour compenser vos pertes, mais en règle générale, il s'avère préférable de couper les ponts. Chose certaine, une liste qui n'est pas à jour coûte trop cher à gérer.

Test n° 7. Tester la même offre dans deux médias.

Selon le même principe qu'avec les listes, cherchez à déterminer l'efficacité d'un média par rapport à un autre. Pour ce faire, passez le même message sur deux chaînes de télévision, sur deux stations de radio ou dans différents journaux. Vérifiez ensuite la provenance des commandes. C'est le média qui aura entraîné le plus de réponses qui recevra la part du lion de votre budget de campagne.

Consultez le test n° 4 sur la manière de déterminer la provenance des réponses.

Test n° 8. Tester deux offres dans un même média.

Des publications américaines d'une certaine ampleur donnent la possibilité à leurs annonceurs de modifier leur publicité par région démographique ou géographique. Une édition dite métropolitaine n'aura pas nécessairement les mêmes annonces qu'une édition destinée aux abonnés en région rurale. Ou encore, les lecteurs de la côte est ne verront pas nécessairement les mêmes annonces que ceux de la côte ouest.

Pour des raisons d'ordre pratique, ce test est plus difficile à effectuer au Québec car à quelques rares exceptions près, les médias écrits n'ont pas l'ampleur suffisante. Vous pouvez néanmoins vous en tirer avec un peu d'ingéniosité en produisant deux versions d'un encart et en les faisant insérer en alternance dans la même revue. Votre « gagnant » est l'encart qui a produit les meilleurs taux de réponse.

Même approche avec la télévision : vous produisez deux messages différents et vous les faites passer en rotation. Inscrivez un numéro 800 différent sur chacun des messages, ce qui vous permettra de repérer rapidement celui qui a suscité le plus de commandes. Cette démarche est valable tout autant pour un test à la station de radio locale.

Test n° 9. Calculer le rendement.

Même la campagne qui entraîne le meilleur taux de réponse au monde doit passer l'épreuve du rendement ou RSI (retour sur investissement). En clair, la question est de savoir si vous faites un profit avec cette campagne. Vaut-elle la peine d'être poursuivie, d'être reprise pour un nouveau cycle, ou faut-il plutôt l'abandonner ?

Vers la fin de la première campagne, calculez le total des ventes produites par ces activités courantes et divisez-le par le total des dépenses engagées. Si votre RSI est négatif, votre campagne est déficitaire. Plus vous vendez, plus vous perdez !

Prenons un exemple bien simple : votre campagne a coûté en tout 12 500 $ et vous avez dégagé des ventes qui ont rapporté 15 500 $. Votre RSI est donc le suivant :

$$\frac{15\ 500}{12\ 500} = 1,24 \text{ soit } 24\,\%$$

Un RSI égal à 1 représenterait donc le point mort au-delà duquel vous atteignez le point de rentabilité théorique. Quant à savoir ce qu'est un RSI acceptable, il découle des objectifs financiers de votre entreprise. En gros, les profits nets avant impôts devraient correspondre au taux de l'inflation plus 10 % à 12 %.

Test no 10. Tester un contrôle de substitution.

Au fil des campagnes, un publipostage s'imposera comme étant le procédé qui rapporte le plus. Ce sera votre envoi de contrôle.

Toutefois, un envoi de contrôle doit être constamment amélioré. Comment le faire sans mettre en péril les revenus qu'il entraîne ? Vous le ferez par le biais de tests successifs où vous ne modifierez qu'une variable à la fois, c'est-à-dire un seul élément, qu'il soit technique ou relatif à l'offre. Si un de ces changements améliore le taux de réponse, vous l'incorporerez à votre prochain contrôle en remplaçant l'élément « battu ». Vous conserverez votre envoi de contrôle aussi longtemps qu'aucun test ne l'aura surclassé en matière de rendement.

TESTER SELON SES BESOINS

Le marketing direct vous permet de tester à peu près tout ce que vous souhaitez. Envoi de première classe ou envoi en nombre, lancement d'un produit au début de mars ou au début de septembre, prime ou pourcentage de réduction, il y a un test pour chaque élément. Toutefois, ce sont vos besoins qui doivent vous guider, et non cet ouvrage ou les suggestions d'un quelconque conseiller. Définissez vos besoins, classez-les par ordre de priorité et testez en conséquence.

LE CHAPITRE 13 EN UN COUP D'ŒIL

Quand un test a-t-il de la valeur ?

Lorsque vous pouvez utiliser les résultats.

Les 10 tests suggérés :

- Tester deux listes.
- Tester deux offres.
- Tester le télémarketing de réception.
- Tester la provenance des réponses.
- Tester les points de contact.
- Vérifier les retours de listes.
- Tester la même offre dans deux médias.
- Tester deux offres dans un même média.
- Calculer le rendement.
- Tester un contrôle de substitution.

3 moyens de tester la provenance des réponses :

- par le coupon-réponse ;
- par le télémarketing de réception ;
- par la personnalisation.

Pourquoi tester les points de contact ?

- Pour rendre votre organisation plus efficace.
- Pour enrichir votre fichier-clients.
- Pour trouver de nouvelles idées.
- Pour communiquer à votre personnel un indice de satisfaction de la clientèle.

14

Éthique, convenance et réglementation

LE MOTEL DE LA PASSERELLE

Habillé tout à fait correctement – complet gris, chemise d'un blanc immaculé et cravate assortie –, l'homme s'avança vers le comptoir de la réception du Motel de la passerelle. Il avait accroché un sourire engageant à son visage et d'une voix enjouée, il demanda à voir le gérant. Pourtant, quelque chose d'inquiétant marquait son allure. Ses yeux avaient une expression dure et ses manières décontractées n'étaient pas en harmonie avec le bâton de baseball qu'il tenait dans la main droite. Tous ses sens en alerte, Mireille essaya d'en savoir davantage avant d'appeler monsieur Tanguay à la réception.

« C'est à quel sujet ?

– C'est à propos de sa mise en marché. »

Il agitait à présent le bâton, comme s'il s'apprêtait à frapper une balle invisible.

« Je suis venu le conseiller sur ses techniques de fidélisation de la clientèle.

– C'est qu'il ne sera pas ici avant une bonne heure. Voulez-vous lui laisser un message ? »

L'homme n'écouta plus. Reculant de quelques pas, il fit mine de viser le magnifique vase qui décorait l'entrée et pivota comme pour prendre son élan et... vlan ! Mireille ferma les yeux, mais rien ne se produisit. L'inconnu immobilisa le bâton de baseball à quelques millimètres du précieux objet.

« J'aimerais mieux le voir tout de suite.

– Puisque je vous dis qu'il n'est pas là.

– Alors, trouvez-le ! »

Cette fois, le bâton ne s'arrêta pas à temps et les fragments de porcelaine volèrent dans tous les coins, amplifiant le sentiment de panique chez Mireille. Inversement, le fait de briser le vase calma instantanément le visiteur.

« Oh, excusez-moi ! Je n'avais pas vraiment l'intention de le casser.

– Ce n'est pas grave. En tout cas, c'est moins grave que si c'est moi que vous aviez frappée. »

Il sembla démonté par l'incident. C'était le temps de reprendre la situation en main.

« Si vous me disiez ce qui se passe, je pourrais peut-être vous aider. »

L'homme hésita un court instant, regardant les éclats de porcelaine éparpillés sur le tapis à travers le hall d'entrée.

« Je suis venu en réalité pour déposer une plainte.

– Ah bon. Je suis autorisée à la recevoir. Si vous voulez bien déposer votre bâton, je prendrai immédiatement note de votre réclamation. »

L'homme laissa reposer son bâton contre le mur et s'approcha du comptoir.

« Je vous ai loué une chambre il y a environ un mois.

– Et vous n'avez pas été satisfait ?

– Je n'ai rien à dire sur votre service ou sur la propreté des chambres. Ce n'est pas ça.

– Mais alors ?

– Vous m'avez expédié cette semaine ce que vous appelez un « kit de bienvenue ». Il me donne droit à un tarif préférentiel et à une nuitée gratuite à toutes les 10 visites. »

Mireille sourit. C'est elle qui avait eu l'idée de cette nouvelle promotion. Ils arriveraient à maximiser le taux d'occupation en utilisant le marketing direct pour fidéliser les nouveaux clients. Ce n'était pas très compliqué. Il suffisait de relever les formulaires d'enregistrement et de faire parvenir après trois semaines le fameux kit à tous les clients. Elle avait envie de dire que c'était son idée à elle, mais par modestie, ou autrement, elle se contenta de demander :

« Oui, je suis au courant. Mais je ne vois pas vraiment le problème... »

L'homme poussa un bruyant soupir.

« Figurez-vous que, chez moi, c'est mon épouse qui ouvre le courrier, mais ce n'est pas elle que j'ai emmenée ici ! Ce n'est vraiment pas gai à la maison depuis qu'elle a reçu votre cochonnerie de lettre... Voulez-vous retirer immédiatement mon nom de votre maudite liste ? »

Mireille blêmit sur-le-champ. À combien d'autres clients avaient-ils pu faire le même coup de la

235

« dénonciation » par marketing direct ? Avait-on assez de vases de porcelaine à faire casser ?

« Oui monsieur, je le fais immédiatement. Je suis vraiment désolée... C'est quel nom ? »

LES 10 COMMANDEMENTS DU MARKETING DIRECT

Où Mireille s'est-elle trompée en préparant sa campagne de marketing direct ? Cette mise en situation nous indique qu'elle a oublié d'analyser le profil de son client type. De plus, elle a tenu pour acquis que le courrier est nécessairement ouvert par la même personne qui accompagne le client au cours de ses séjours au Motel de la passerelle.

Où cela nous mène-t-il ?

D'abord, quelques considérations sur les convenances en matière de marketing direct. Vous êtes censé connaître vos clients et la nature de votre produit ou de votre service. Vous devriez donc être en mesure de savoir ce que l'inclusion d'un client à votre liste d'envoi peut lui valoir comme bénéfices, mais aussi comme éventuelles conséquences fâcheuses.

Mireille aurait dû ajouter une case sur ses formulaires d'enregistrement demandant aux clients s'ils voulaient profiter des promotions spéciales envoyées par la poste. Notre client au bâton de baseball aurait pu à ce moment-là cocher la case « non ». Le marketing direct ne peut s'accommoder du doute. Mieux vaut s'abstenir que d'abuser des renseignements privilégiés.

Les 10 commandements du marketing direct que nous présentons ici vous aideront à éviter des situations embarrassantes. Cependant, la seule façon de ne pas être frappé par les foudres du législateur consiste à se conformer à des pratiques commerciales honnêtes.

Les lois et les règlements naissent de pratiques commerciales abusives. Le processus est simple : les abus entraînent les plaintes auprès des autorités qui,

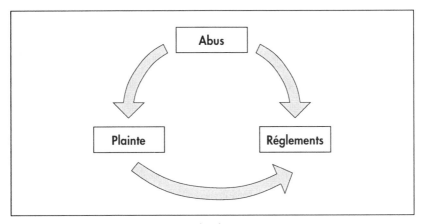

Figure 14.1 Comment naissent les lois ?

sous la pression populaire, décident de légiférer dans un sens plus restrictif. C'est ainsi, par exemple, que plusieurs états américains ont banni la télécopie publicitaire.

1. Tu n'ignoreras pas les lois en vigueur.

C'est plus facile à dire qu'à faire. Il y a plusieurs dizaines de lois fédérales et provinciales. Pourquoi ne pas vous familiariser avec celles qui touchent plus particulièrement le marketing direct ? Vous auriez avantage à connaître au moins la Loi sur la protection du consommateur et les lois et règlements sur les loteries et courses. Votre meilleure source d'information dans ces domaines est Communication Québec.

Les associations professionnelles de marketing direct sont également des sources à consulter.

2. Tu procéderas aux tirages annoncés.

Plusieurs entreprises sont condamnées chaque année à ce chapitre. Le promoteur annonce un supertirage mais « omet » de proclamer un gagnant. En conséquence, le prix n'est jamais alloué, mais les ventes ont été conclues. Si vous souhaitez rester en affaires, assurez-vous de procéder aux tirages que vous annoncez. La lecture du chapitre «Y a-t-il une vie après-sweepstake?» dans *L'Offre irrésistible* de Georges Vigny, chez le même éditeur, serait très instructive.

Un concours annoncé mais non tenu remet en question votre crédibilité. En outre, votre publicité mensongère aura un effet très négatif sur le moral de vos employés, nuisant à la qualité de leur travail. À tous les niveaux d'une entreprise, les gens aiment se sentir fiers de ce qu'ils font !

3. Tu ne déguiseras pas une vente en sondage.

Si vous tenez à réussir en marketing direct, évitez les fausses représentations. Appeler quelqu'un en lui faisant croire qu'il s'agit d'un sondage ne trompe plus personne. Vos meilleurs arguments tomberont dans l'oreille d'un sourd, et cette pratique déloyale vous reléguera au rôle de charlatan.

Effectuer des sondages n'a rien de répréhensible, au contraire. Les gens réagiront favorablement à un sondage s'il est clairement annoncé et s'il ne dissimule rien. Ne louvoyez pas ! Dites aux gens pourquoi vous les appelez ou pourquoi vous leur écrivez. C'est la meilleure façon de mériter leur respect. La duperie vous rapportera peut-être à court terme, mais son coût réel est beaucoup trop élevé pour la survie de votre entreprise.

4. Tu respecteras les souhaits des individus.

Pourquoi croyez-vous que certaines personnes paient plus cher chaque mois pour avoir un numéro de téléphone confidentiel? Pourquoi pensez-vous que quelqu'un se donne la peine de vous écrire ou de vous télécopier pour que son nom soit éliminé de votre liste d'envoi? Dans tous ces cas, la réponse est la même : ces personnes en ont assez d'être sollicitées ! Devraient-elles se retirer dans un monastère tibétain pour trouver le calme qu'elles souhaitent?

Ignorer ce souhait fait de vous une nuisance. Par la même occasion, vous augmentez vos chances de ne jamais recevoir de commandes de ces personnes, sans parler des risques de faire face à une plainte formelle. Pourquoi vous acharner sur des gens qui sont totalement réfractaires à vos promotions et qui, de surcroît, vous le font savoir ? Concentrez-vous sur les clients qui sont ouverts à la sollicitation. Vos ressources seront plus faciles à rentabiliser.

5. Tu feras des offres claires.

Un client n'est pas censé deviner vos intentions. Faites une offre claire. Centrer son argumentation sur les avantages et les besoins du client ne signifie pas qu'il faut en inventer ! Ne suggérez pas des bénéfices qui n'existent pas.

En révisant votre matériel ou votre scénario, vérifiez si vous êtes en mesure de prouver chacune de vos affirmations. Cela vaut également pour les lettres de témoignage : elles doivent être vraies, provenir de vrais clients qui ont vraiment utilisé votre produit ou recouru à vos services.

De toute façon, la clarté est nécessaire pour énoncer tout message de vente cohérent. Si vous êtes un amateur invétéré de demi-vérités, vous n'avez probablement pas votre place dans le monde du marketing direct.

6. Tu ne cacheras rien.

Si vous faites payer au client des frais de port et de manutention, mentionnez-le. Si vous offrez des modalités de crédit, indiquez le cas échéant les intérêts et les frais administratifs à débourser. Si votre garantie de satisfaction est conditionnelle, précisez-en la portée et les restrictions. Ne cachez rien qui gâcherait le plaisir de votre client au moment où il reçoit votre produit et votre facture.

Le client mesure sa satisfaction à l'écart éventuel entre ce que vous lui avez promis et ce qu'il reçoit en réalité. Si vous lui réservez une mauvaise surprise au moment critique où il va ouvrir son colis, soyez assuré qu'il pourrait bien être en train de déballer son dernier achat effectué chez vous! À l'inverse, un client qui a été averti du montant des frais de livraison ou du montant des intérêts se sentira réconforté que sa facture soit conforme à ce que votre publipostage indiquait.

Rappelez-vous que votre but fondamental est de fidéliser votre client. Pour y parvenir, vous devez gagner sa confiance.

7. Tu agiras promptement.

Un client qui passe une commande ne veut pas attendre que vous receviez votre produit de Taiwan ou de Singapour. Son compte à rebours commence dès la minute où il vous poste sa carte-réponse ou qu'il prend le téléphone pour commander ce que vous lui avez offert.

N'annoncez que si vous êtes en mesure de livrer rapidement. Autrement, mentionnez sur le bon de commande et sur votre dépliant les délais réguliers de livraison. N'oubliez jamais que solliciter un client constitue une forme d'engagement.

8. Tu honoreras les plaintes et les annulations.

Parfois, votre lettre de vente est si convaincante ou votre préposé au télémarketing est si persuasif que le client dira « oui » sur le coup. S'il rappelle le lendemain et vous prie d'annuler sa commande, respectez son souhait. Si vous le faites, il vous reviendra lorsqu'il aura à nouveau besoin de votre produit. Si vous refusez, il n'achètera probablement plus jamais chez vous. Qui plus est, il risque de vous renvoyer votre article en se prévalant des conditions de la garantie de satisfaction.

Une campagne de marketing direct doit faire en sorte d'augmenter le nombre de clients, et non pas de simplement conclure une vente. À quoi bon ajouter un client à votre liste de fidélisation si la première vente a été forcée et qu'il la regrette déjà, avant même d'avoir reçu sa commande ?

Il en va de même pour le traitement des plaintes. Si vous avez annoncé un remboursement intégral valable dans un délai de 30 jours, respectez ce que vous avez écrit dans votre publipostage. Ne posez pas de question et dépêchez-vous de rembourser le client qui le demande. Il sera agréablement surpris de votre efficacité, et vous pourrez l'intégrer à votre liste de fidélisation.

9. Tu ne loueras pas ta liste à un irresponsable.

Nous avons tous tendance à généraliser nos expériences à un point tel que le faux pas d'aujourd'hui conditionnera la décision de demain. Ainsi, une expérience malheureuse entourant une commande postale nous rendra, selon toute probabilité, moins sensible à une autre offre parvenue par le même canal.

Lorsque vous connaîtrez le succès que nous vous souhaitons, votre liste de fidélisation prendra de la valeur. On vous approchera pour louer votre liste, et certaines de ces offres seront probablement alléchantes. Après tout, recevoir de 120 $ à 150 $ par 1 000 noms peut être très intéressant quand il ne vous en coûte rien. Mais ne cédez pas à la tentation à moins d'être absolument sûr que votre *locataire* respectera ces 10 commandements. Il est tellement facile de décevoir un client et de le rendre imperméable à tout publipostage, d'où qu'il provienne !

Demandez à voir le contenu de l'envoi projeté. Assurez-vous que ce qui est offert ne nuira pas à vos propres relations avec vos clients. Si vous sélectionnez vos locataires avec soin, vous pourrez améliorer la réceptivité des clients sollicités. Mais ne sacrifiez pas un client pour un petit profit immédiat.

10. Tu ne harcèleras pas les gens.

Ce dernier commandement peut tout aussi bien être le premier ! Savez-vous comment on appelle un préposé au télémarketing qui contacte les clients à 22 h un soir de semaine ? Un importun, à défaut d'utiliser un mot moins poli.

Si vous voulez éviter à votre entreprise ce qualificatif peu flatteur, mettez-vous à la place de vos clients potentiels : à quelle heure et dans quelles circonstances auriez-vous accepté qu'on vous contacte ? Votre but n'est pas de harceler, mais bien de gagner des clients. Vous en gagnerez beaucoup plus si vous faites preuve de respect envers eux, en les traitant avec courtoisie et en les appelant à un moment convenable. Laissez le harcèlement à ceux qui ne seront probablement plus en affaires l'an prochain.

LE CHAPITRE 14 EN UN COUP D'ŒIL

Les 10 commandements du marketing direct :

- Tu n'ignoreras pas les lois en vigueur.
- Tu procéderas aux tirages annoncés.
- Tu ne déguiseras pas une vente en sondage.
- Tu respecteras les souhaits des individus.
- Tu feras des offres claires.
- Tu ne cacheras rien.
- Tu agiras promptement.
- Tu honoreras les plaintes et les annulations.
- Tu ne loueras pas ta liste à un irresponsable.
- Tu ne harcèleras pas les gens.

243

LA CINQUIÈME PARTIE EN ACTION !

1. Notre cheminement arrive à sa fin. Tout au long de votre lecture, des idées vous ont été inspirées ; il vous faut les mettre tout de suite sur papier avant qu'elles vous échappent. Nous vous encourageons à inscrire ci-dessous celles qui vous semblent les plus prometteuses.

   _____

   _____

   _____

2. Si vous avez acheté ce livre, c'est que vous aviez des besoins précis à combler. Inscrivez d'abord les plus urgents de ces besoins et notez ensuite les réponses que vous pensez avoir trouvées.

   Besoins

   _____

   _____

   _____

   Réponses

   _____

   _____

   _____

3. Si vous faites déjà du marketing direct, dites en quelques mots en quoi cette lecture aura contribué à améliorer votre approche et vos rendements.

   _____

   _____

   _____

4. Si vous ne faites pas encore de marketing direct, notez ici en quoi cette lecture vous aura aidé à préparer votre première campagne.

_____

_____

_____

5. Identifiez les personnes dans votre entreprise qui devraient également lire cet ouvrage...

_____

_____

_____

... et prêtez-le-leur dès aujourd'hui. La parole est aux actes !

Conclusion

Faire une offre irrésistible au client le plus susceptible de dire « oui ».

Voici résumé, en 12 mots exactement, ce que vous avez vu et maîtrisé avec nous. Les trois éléments essentiels pour boucler une vente sont : le bon client, la bonne offre, le bon moment.

À tout travail son outil approprié : nous avons mis à votre disposition un ensemble de techniques et d'outils éprouvés. Testez, expérimentez, choisissez. À vous de relever le défi de mettre au point la combinaison gagnante. Mais ne perdez jamais de vue que la même offre peut connaître le succès ou l'échec, selon la façon de la présenter. Le succès en marketing direct passe par le professionnalisme et le souci du détail, en raison de la complexité et de la multitude des composantes en jeu.

Vous démarrerez bientôt votre première campagne. Adoptez une approche systématique axée sur le client, concevez votre offre en fonction d'une cible que vous connaissez bien. Le succès ne tardera pas à suivre si vous restez attentif aux besoins de vos clients et que vous cherchez à les combler. Ne vous inquiétez pas de la mondialisation de l'économie : le marketing direct vous met à égalité avec les plus grandes entreprises ! Vous vendrez demain à Kalamazoo, à Lyon ou à Mexico. Mais votre défi principal aura été de fidéliser votre marché local, ce qui le rendra moins perméable aux attaques de vos concurrents, quels qu'ils soient.

Bibliographie

Bacon, Mark S, *Do-It-Yourself Direct Marketing : Secrets for Small Business*, John Wiley & Sons, New York, 1994, 275 p.

Des Roberts, Gilles, « Les centres d'appels sont appelés à jouer un rôle élargi dans les entreprises », *Les Affaires*, 15 octobre 1994, p. 20.

Domanski, James, *Profits en direct : guide canadien de télémarketing*, Éditions Grosvenor Inc., Montréal, 1991, 211 p.

Dossiers Les Affaires, « Le moment de la campagne de télémarketing est crucial », *Les Affaires*, 4 septembre 1993, p. B-12.

Dutrisac, Robert, « Les composeurs automatiques ne pourront plus servir à des fins de sollicitation », *Le Devoir*, 14 juin 1994, p. B2.

Majure, Dave, *Direct Hit : Real-Word Insights & Common Sense Advice from a Direct Marketing Pro*, Probus, Chicago, 1994, 306 p.

Mallory, Charles, *Le marketing direct, c'est magique*, Les Presses du management, Paris, 1994, 79 p.

Pierra, Patrick, « Comment Centraide recrute et conserve ses donateurs », *Le Devoir*, 5 mars 1994, p. B2.

Presse Canadienne, « Des "infomerciaux" jour et nuit », *La Presse*, 8 novembre 1994, p. C6.

Roman, Ernan, « More for Your Money », *Inc.*, septembre 1992, p. 113.

Samson, Alain, *Faites sonner la caisse !!!*, Les Éditions TRANSCONTINENTAL et la Fondation de l'Entrepreneurship, Montréal et Charlesbourg, 1995, 210 p.

Stone, Bob et Wyman, John, *Successful Telemarketing*, 2e éd., NTC Business Books, Illinois, 1992, 214 p.

Vigny, Georges, *L'Offre irrésistible.*, Les Éditions TRANSCONTINENTAL, Montréal, 1995, 176 p.

Pour *ordinautes* audacieux

La conception d'une infopub

La disquette fournie avec ce livre comprend deux présentations différentes d'un même produit. Nous allons vous montrer en 13 points comment elles ont été réalisées afin de vous aider à créer la vôtre. Afin d'illustrer notre propos, nous supposerons que nous sommes employés à la commercialisation des Éditions TRANSCONTINENTAL inc.

C'est un utilitaire DOS fourni par la compagnie Aldus que nous avons utilisé pour monter ces deux présentations produites à l'aide du logiciel Persuasion®. Ce faisant, nous nous privions de la possibilité d'inclure des effets sonores ou des images en mouvement, mais nous rendions notre infopub utilisable par les usagers qui ne disposent pas de Windows.

1. Description du produit à vendre

La première étape consiste à décrire les principales caractéristiques du produit à vendre. Dans notre exemple, il s'agit de *9-1-1 CASH*, un roman interactif dans lequel le lecteur devient le personnage principal et doit se sortir d'une situation financière difficile. Les chapitres sont suivis de capsules d'information portant sur la finance et, à la fin de sa lecture, après avoir connu une vingtaine de finales différentes, le lecteur devrait avoir appris comment mettre toutes les chances de son côté quand vient le temps de négocier un prêt commercial.

2. Description des clientèles potentielles

À qui s'adresse ce livre ? D'abord aux entrepreneurs à la recherche de financement, ensuite aux étudiants en management. Et pourquoi pas aux banquiers eux-mêmes ? Ils auraient tout à apprendre d'une aventure vécue dans la peau de l'emprunteur. Peut-être comprendraient-ils mieux ce que vivent leurs clients. Et finalement, les amateurs de romans interactifs devraient aimer eux aussi ce livre, moins pour le sujet qu'en raison de son approche interactive. Nous voici donc en présence de quatre clientèles.

3. Sélection de la clientèle cible

Après mûre réflexion, nous décidons de nous attaquer en priorité aux entrepreneurs à la recherche de financement et aux amateurs de romans interactifs. Il est impératif à cette étape-ci de déterminer également la manière d'assurer la distribution. À quoi sert une disquette si on ne sait pas comment la faire parvenir aux clients ciblés !

Remplissons ensemble le petit tableau de la page suivante.

Si nous avions choisi de nous adresser aux prêteurs bancaires, nous aurions pu faire parvenir notre infopub à l'attention des directeurs de compte de toutes les succursales des banques et caisses populaires du Québec.

Clientèles choisies	Mode de distribution de l'infopub
Entrepreneurs en quête de financement	• Don direct à tous ceux qui sont inscrits au concours *Devenez entrepreneur!* • Distribution par la SAJE (Société d'aide aux jeunes entrepreneurs)
Amateurs de romans interactifs	Envoi postal à tous ceux qui ont déjà commandé directement *La Stratégie du président,* un autre roman interactif du même éditeur

4. Identification des facteurs de motivation

Pourquoi ces personnes ciblées devraient-elles acheter notre livre? Quel est l'argument auquel elles réagiront le plus? Comment devons-nous concevoir notre accroche pour qu'elles regardent avec intérêt toute notre présentation? Le tableau qui suit nous aidera à trouver les réponses.

Clientèles choisies	Facteurs de motivation	Utilisation
Entrepreneurs en quête de financement	La crainte	Vous avez un beau projet, mais aurez-vous votre financement?
	La sécurité	Ce livre vous permet de mettre toutes les chances de votre côté.
Amateurs de romans interactifs	Le plaisir	Vous aurez autant de plaisir avec *9-1-1 CASH* que vous en avez eu avec *La Stratégie du président*

5. Choix du titre

Le titre doit être centré sur le pôle client, il doit susciter et maintenir l'intérêt. L'entrepreneur que nous visons élabore actuellement un plan d'affaires qui lui tient à cœur. La seule chose qui pourrait en empêcher la réalisation est le manque de financement. Nous pouvons donc jouer sur ce tableau, en utilisant comme titre : *Vous aurez besoin d'argent bientôt?* Impossible de rester indifférent à une telle interpellation.

Quant à l'amateur de roman interactif, quoi de plus approprié que : *Prêt pour une nouvelle aventure?* Cette accroche l'intriguera suffisamment pour qu'il reste à l'écoute... Ces deux titres sont courts, ce qui permettra à notre texte d'utiliser presque tout l'écran disponible. Mieux vaut avoir un rythme plus rapide et offrir plus d'images que surcharger un écran d'information.

6. Choix du sous-titre

Le sous-titre répond au titre. Il est généralement plus long. Il explique ce qui sera présenté, en continuant de jouer sur le pôle client. Dans notre présentation, le sous-titre occupera deux images. La première constituera un lien avec le titre, et la seconde présentera une photo du livre, ne laissant plus aucun doute sur ce que l'infopub tente de vendre.

À l'adresse de l'entrepreneur, nous dirons : « Mais où trouver les trucs qui feront dire oui à votre banquier ? », tandis qu'à l'amateur de romans interactifs, nous rappellerons son exploit précédent : « Vous avez sauvé une compagnie dans *La Stratégie du président...* Le devoir vous appelle à nouveau. »

Notre troisième image sera la même dans les deux présentations. Nous maintiendrons cette pratique chaque fois que c'est possible, car elle nous permettra de mettre le maximum d'information sur notre disquette.

7. Choix de la maquette

C'est le moment de mettre l'ordinateur en marche. Dans un programme de présentation, une maquette est un tout, incluant le corps et la fonte des caractères, la couleur du fond de l'écran et le cadre dans lequel logera toute l'information. Vous n'avez pas réellement à décider de chacun de ces points, puisque le logiciel arrive avec une banque de maquettes prêtes à utiliser. Dans le cas présent, nous opterons pour une maquette sobre et nous y incorporerons, dans le coin inférieur droit, le logo de la maison d'édition. Une fois cette maquette choisie, nous commencerons la production des présentations, l'une après l'autre.

8. Présentation des arguments

Le choix des arguments à présenter sera fait en fonction des clientèles visées. Dans le cas des entrepreneurs, nous mettrons l'accent sur le contenu informationnel du livre, tout en expliquant la façon dont cette information est livrée. Dans le cas des amateurs de romans interactifs, nous nous concentrerons sur l'aspect ludique de cette lecture.

Conformément à nos propres conseils, nous regrouperons les arguments par thèmes, en commençant par les plus importants.

9. Présentation des preuves

Quel genre de preuve pouvons-nous fournir ? Qu'est-ce qui établira la crédibilité de ce livre ? Nous utiliserons deux catégories de renforcement. D'abord, nous présenterons les auteurs, photos à l'appui, leurs titres professionnels, leurs activités et la liste de leurs ouvrages. Ensuite, nous ferons état de critiques positives reçues ʳ ⁱʳ le livre depuis sa sortie. Il n'en faut pas davantage pour convaincre le client cible qu'il a affaire à des professionnels chevronnés.

10. Préparation de la poussée vers l'action

Nous fermerons notre argumentation par une référence à notre titre et en indiquant comment passer à l'action.

Dans le cas des entrepreneurs, nous finirons avec : « Mettez toutes les chances de votre côté. » Quant à l'amateur de roman interactif, ce sera une invite : « Relevez ce défi dès aujourd'hui ! »

Notre dernière image aura pour titre : *Commandez dès maintenant !* Elle fournira l'adresse de l'éditeur et les numéros de téléphone pour commander directement le produit avec carte de crédit. La présentation s'arrêtera sur cette image et tant que le client potentiel n'aura pas pesé sur une touche, cette information restera à l'écran.

11. Les effets spéciaux

Dès que toutes vos images ont été créées, il vous reste à définir les enchaînements, les effets spéciaux et la durée de chaque image à l'écran. Vous devez encore une fois vous assurer que le média ne vole pas la vedette. C'est votre offre qui importe, les effets spéciaux ne doivent être que des supports.

Assurez-vous que chaque image ne dure pas trop longtemps. Quand vous aurez terminé, notez le minutage total. Vous pourrez l'utiliser dans la lettre de présentation qui accompagnera la disquette, en expliquant par exemple au client potentiel que l'écoute totale ne lui prendra que 4 min 23 s. Il hésitera moins longtemps à procéder à l'écoute.

12. Choix d'un nom pour chaque infopub

Le client potentiel qui insérera votre infopub dans son ordinateur devra taper une commande pour la lancer. Choisissez un nom qui vient renforcer votre message. Pour les entrepreneurs, nous utiliserons « 911 CASH », tandis que les amateurs de romans interactifs composeront le « 911 HEROS ». La seule limite au choix des titres est imposé par votre système d'exploitation. En DOS, chaque mot ne doit pas dépasser huit caractères, et les commandes DOS ne peuvent être utilisées.

13. Duplication et diffusion

Vous allez à présent effectuer des copies de votre disquette et préparer l'étiquette qui y sera collée. Cette étiquette doit indiquer les commandes de lancement, porter votre identification et donner vos coordonnées.

Cela fait, il ne vous reste plus qu'à sortir votre plus belle plume pour rédiger la courte lettre d'accompagnement de la disquette.

À propos de la disquette

La disquette de type IBM et compatibles qui accompagne cet ouvrage comporte quatre fichiers :

- **911 CASH.** Il s'agit d'une infopublicité dont nous traitons dans le chapitre 10. Elle a été montée avec FreelanceGraphics®, version 4 pour DOS. Pour la lancer, tapez, à l'invite de DOS (ou à partir du gestionnaire de programme de Windows) : [A:911 cash]

- **911 HEROS.** Il s'agit d'une autre infopublicité. Elle a été montée avec FreelanceGraphics®, version 4 pour DOS. Pour la lancer, tapez, à l'invite de DOS (ou à partir du gestionnaire de programme de Windows) : [A:911 heros]

- **Infopub.** Pour vous montrer les effets d'un environnement graphique sur une infopublicité, nous reprenons ici 911 CASH sous une interface Windows. À partir de la fenêtre [Exécuter] du gestionnaire de programme de Windows, tapez : [A:infopub]

- **Ouvrez!** Il s'agit de l'ébauche d'un diagnostic assisté visant à évaluer vos connaissances préalables en marketing direct. Il présente 50 questions auxquelles vous répondez en faisant des choix. Nous vous suggérons de lancer ce logiciel avant de commencer votre lecture et de le rouler à nouveau une fois votre lecture terminée. À partir de la fenêtre [Exécuter] du gestionnaire de programme de Windows, tapez la commande : [A:Ouvrez !]. Le fichier VBRUN300.DLL, livré avec votre système d'exploitation, doit être disponible sur votre système.